W0194710

CHRISTENTUM

GRUNDRISS

VERTIEFUNGEN

ANHANG

HORIZONTE DES GLAUBENS

Unter den geistigen Kräften, welche unsere Kultur gestalten, sind drei große Weltreligionen von überragender Bedeutung: das Judentum, das Christentum und der Islam. Ihre Traditionen beeinflussen seit vielen Jahrhunderten direkt und indirekt die Geschichte. Mehr als die Hälfte aller Menschen gehören einer dieser drei Religionen an. Das Erstaunliche: Sie haben alle drei ihren Ursprung im Nahen Osten. Gemeinsam ist ihnen der Glaube an einen einzigen und einen Gott, Ursprung und Urhalt aller Dinge, alles Lebendigen und des Menschen. Gemeinsam ist ihnen der Mensch, der für sie Vorbild und Modell des Glaubens an Gott ist: Abraham.

Abraham: Sein Glaube bestand in einem unerschütterlichen, wenn auch keineswegs unangefochtenen Vertrauen, daß Gott zu seinem Wort steht, das er einmal gegeben hat, daß auf ihn Verlaß ist. Das selbst dann noch, wenn der ›abrahamische Mensch‹ nicht sehen und verstehen kann, wie dieser Gott seine Verheißung, die Hoffnungen, die er weckte, einlösen sollte:

> »Gott versprach Abraham, daß seine Nachkommen die ganze Erde als Besitz erhalten sollten. Abraham erhielt dieses Versprechen nicht deshalb, weil er das Gesetz befolgt hätte, sondern weil er Gott vertraute ... Darum hat Gott sein Versprechen an das Vertrauen gebunden. Was er zugesagt hatte, sollte ein reines Gnadengeschenk sein. Auf diese Weise gilt allen Nachkommen Abrahams, was Gott versprochen hat; nicht nur denen, die das Gesetz haben, sondern auch denen, die wie Abraham auf Gottes Zusage vertrauen. Wir alle haben Abraham zum Vater.«
> (Röm 4,13–16)

Was die drei Religionen verbindet, ist der Glaube, daß Gott den Menschen annimmt, »liebt«, ohne Vorleistungen und Bedingungen. Allerdings bedeutet Vertrauen haben wie Abraham, sich mit seinem Leben ganz auf Gottes Zusage einzulassen, sein Leben offen auf Hoffnung und Verheißung auszurichten. Glauben hat Konsequenzen. Glauben meint mehr als ein simples »Für-wahr-Halten« eines bestimmten religiösen Weltanschauungssystems, von Lehren oder Dogmen. Glauben bedeutet aus der Sicht von Juden, Christen und Muslimen: aus Vertrauen in Gott leben. Aus Glauben entsteht Ethos.

DIE OFFENBARUNG

Zentrale Glaubensbotschaft des Christentums ist die Überzeugung, daß Jesus, ein frommer Jude aus Nazareth in Galiläa, nicht nur einer aus der langen Reihe der Propheten Israels war, die Gottes Willen und Wort wach hielten. Er war und ist für die Menschen, die ihm nachfolgen, mehr als ein Bote Gottes unter vielen anderen Boten: Er ist selbst die Botschaft. Durch sein Leben und Sterben, durch den Weg, den er lehrt, sein Handeln und Umgehen mit den Menschen. Kurz: Er ist für Christen das, was Gott den Menschen sagen will: Gottes Wort. Um das zu verstehen, muß man weit in die Geschichte des Volkes Israel zurückgehen zu jenem Mann, mit dem die Freiheitsgeschichte Israels beginnt: dem Mann Mose.

Der Name Gottes

Der Mann Mose war ein Hebräer. Als Kleinkind von einer Tochter des Pharao adoptiert, wuchs er nach der Überlieferung am ägyptischen Königshof auf. Weil er einen Aufseher erschlug, der einen seiner Stammesbrüder auspeitschte, mußte er in die Wüste fliehen. Dort beginnt die Geschichte:

»Mose weidete die Herde Jitros, seines Schwiegervaters, des Priesters von Midian. Und er trieb die Herde über die Wüste hinaus und kam an den Berg Gottes, den Horeb. Da erschien ihm der Engel des HERRN in einer Feuerflamme mitten aus dem Dornbusch. Und er sah hin, und siehe, der Dornbusch brannte im Feuer, und der Dornbusch wurde nicht verzehrt. Und Mose sagte sich: ›Ich will doch hinzutreten und dieses große Gesicht sehen, warum der Dornbusch nicht verbrennt.‹ Als aber der HERR sah, daß er herzutrat, um zu sehen, da rief ihm Gott mitten aus dem Dornbusch zu und sprach: ›Mose! Mose!‹ Er antwortete: ›Hier bin ich.‹ Und er sprach: ›Tritt nicht näher heran! Zieh deine Sandalen von deinen Füßen, denn die Stätte, auf der du stehst, ist heiliger Boden!‹

Dann sprach er: ›Ich bin der Gott deines Vaters, der Gott Abrahams, der Gott Isaaks und der Gott Jakobs.‹ Da verhüllte Mose sein Gesicht, denn er fürchtete sich, Gott anzuschauen. Der HERR aber sprach: ›Gesehen habe ich das Elend meines Volkes in Ägypten, und sein Geschrei wegen seiner Antreiber habe ich gehört; ja, ich kenne seine Schmerzen. ...Nun geh du hin, denn ich will dich zum Pharao senden, damit du mein Volk, die Söhne Israels, aus Ägypten herausführst!‹

Mose aber antwortete Gott: ›Wer bin ich, daß ich zum Pharao gehen und die Söhne Israels aus Ägypten herausführen sollte?‹ Da sprach er: ›Ich werde ja mit dir sein. Und dies sei dir das Zeichen, daß ich dich gesandt habe: Wenn du das Volk aus Ägypten herausgeführt hast, werdet ihr an diesem Berg Gott dienen.‹ Mose aber antwortete Gott: ›Siehe, wenn ich zu den Söhnen Israels komme und ihnen sage: Der Gott eurer Väter hat mich zu euch gesandt, und sie mich fragen: Was ist sein Name?, was soll ich dann zu ihnen sagen?‹ Da sprach Gott zu Mose: ›Ich bin, der ich da sein werde‹ [hebr. יהוה = Jahwe]. Dann sprach er: ›So sollst du zu den Söhnen Israels sagen: ›Der Ich bin hat mich zu euch gesandt.‹ Und Gott sprach weiter zu Mose: ›So sollst du zu den Söhnen Israels sagen: Jahwe, der Gott eurer Väter, der Gott Abrahams, der Gott Isaaks und der Gott Jakobs, hat mich zu euch gesandt. Das ist mein Name in Ewigkeit, und das ist meine Benennung von Generation zu Generation.‹« (Exodus 3,1)

Das Gotteserlebnis und die Berufung des Mose ist eine der faszinierendsten Erzählungen, die das alte Testament uns überliefert. Was immer Mose widerfahren sein mag, es bleibt bestehen: Das Dornbuscherlebnis war für Mose und die religiöse Geschichte Israels von zeitenwendender Konsequenz. Uns wird die Geschichte der Berufung des Mose zum Befreier und Erlöser des Volkes Israel aus der Sklaverei Ägyptens erzählt. Erschüttert und erschreckt sieht sich Mose auf heiligem Boden ertappt und auf beängstigende Weise mit der Geschichte und dem Schicksal seines Volkes konfrontiert. Der Ewige spricht ihn feierlich ausgerechnet auf die Geschichte Israels an, der sich Mose in der Wüste entronnen glaubt. Ich bin der Gott deiner Väter. Ich bin der Gott, der das Elend sieht, der die Klage hört und die Gefangenschaft deiner Brüder und Schwestern kennt. Ich habe beschlossen, euch in die Freiheit zu führen, und du wirst zurückkehren nach Ägypten und dein Volk befreien.

»Da sagte Mose zu Gott: ›Gut, ich werde also zu den Israeliten kommen und ihnen sagen: Der Gott eurer Väter hat mich zu euch gesandt. Da werden sie mich fragen: Wie heißt er? Was soll ich Ihnen darauf sagen?«‹ Mose weiß, daß er starke Argumente braucht, wenn man ihm Glauben schenken soll. Und so gibt ihm Gott seinen eigenen Namen mit auf den Weg. »Ich heiße: Ich bin der, der da sein wird, ich bin der, der dir begegnen wird; irgendwo, irgendwann, denn mein Name ist: ›Ich-bin-da‹, ich werde da sein für dich.« Dies ist die Bedeutung des hebräischen Urwortes Jahwe. Das Wort: Gott, Elohim, Allah, Theos, Deus, Dio, Dieu ist sozusagen nur der Sachbegriff, mit dem Menschen die erste und letzte Wirklichkeit umschreiben. Auch die

Gottesanrede »Vater« hat mit dem Namen Gottes nichts zu tun. Der Name Gottes, der aussagt, wer Gott sein will für die Menschen, ist Jahwe. »Das ist mein Name für immer, und so wird man mich nennen in allen Generationen.«

Gott Jahwe ist nicht lediglich ein ewiges Urprinzip, der Schlußstein im intellektuellen Weltgebäude, keine abstrakte Idee. Er ist es, der nach der Erfahrung Israels Menschen berührt: im Säuseln eines sanften Lüftchens, im Gewittersturm, wenn sie die Wunder der Natur begeistert, wenn Liebe sie überwältigt, wenn sie Rettung aus großer Not erfahren. Es sind solche Erfahrungen, die für sie zur Offenbarung Gottes werden.

Der Name Jesu

Im Christentum erhält die Erfahrung des Berührt-Werdens durch das Göttliche noch einmal eine andere Dimension. Das Christentum unterscheidet sich von anderen **Religionen** nicht durch eine besondere → S. 107 Lehre oder Moral, nicht durch das Gebot der Nächstenliebe, nicht durch eine besondere Form der Gottesverehrung – obwohl dies alles das Erscheinungsbild des Christentums mitprägt. Vielmehr unterscheidet es sich dadurch, daß Christen sich auf den Menschen Jesus aus Nazareth beziehen, nicht auf ein Buch – wie das Judentum auf die Tora oder der Islam auf den Koran. Jesus ist in der Erfahrung seiner Anhänger als menschliche Person gleichsam das, was für Mose der brennende Dornbusch war, nämlich heiliger Ort: wo Gottes Wort begegnet, wo aufgeht, wer Gott ist, wie Gott ist. Darum ist Jesus für Christen der Messias, der Christus.

»Jesus«, schrieb deshalb der Apostel Paulus, ist »der Herr« (1 Kor 12,3). Wir haben heute Mühe, die Bedeutung des Wortes »Herr« in seinem ursprünglichen Sinn noch wahrzunehmen. »Herr« (gr. Kyrios) ist in der Sprache des Paulus schlicht die Übersetzung des hebräischen Wortes Adonai, das schon damals bei der Schriftlesung an die Stelle des Gottesnamens Jahwe trat, den man aus Furcht vor Mißbrauch niemals aussprach. In diesem Jesus, das will Paulus sagen, ist Gott in einer Weise gegenwärtig, die nicht durch das Erlebnis der Großartigkeit der Schöpfung, nicht durch die ganze Erfahrung von Heil und Errettung in der Geschichte aufgewogen werden kann. In Jesus erreicht Gottes Wort, die »Selbstmitteilung Gottes« (Karl Rahner), die Offenbarung nach christlichem Verständnis ihren vollkommenen Ausdruck.

Jesus hat sich diese Bedeutung nie selbst zugeschrieben oder herausgenommen. Erst nach seinem Tod am Kreuz entstand jenes Preislied, das Paulus in seinem Brief an die Philipper als Hymnus an Jesus Christus zitiert:

>»Die geistige Gesinnung des Messias Jesus
>soll auch eure Haltung sein:
> Er, in dem Gott selbst Gestalt annahm,
>maßte sich nicht an, Gott gleich zu sein.
>Er nahm sich selber ganz zurück,
>und nahm Knechtsgestalt an,
>
>er war den Menschen gleich,
>und wurde auch als Mensch erlebt,
>er hat sich selber klein gemacht,
>und wurde gehorsam bis zum Tod
>– dem Tod am Kreuz.
>
>Darum hat Gott ihn so hoch erhoben
>und ihm *den* Namen verliehen,
>der über allem Namen ist,
>
>Auf daß in Jesu Namen sich beuge aller Knie:
>im Himmel und auf Erden und unter der Erde,
>und aller Zunge bekenne:

Herr ist Jesus der Messias
zu Gottes, des Vaters, Verherrlichung.« (Phil 2,5 – 11)

Dieses Lied zeigt uns ein Verständnis der göttlichen Sendung Jesu – seiner Messianität –, das viele Assoziationen weckt, gleichzeitig aber auch verunsichert. Zunächst ist noch gut verständlich, daß durch Jesus Gott für viele Menschen ein Gesicht bekam, Gestalt gewann. Zumindest haben seine Jünger das so gesehen. Schwieriger liegt der Fall, wenn im Lied davon gesprochen wird, Jesus sei »Gott gleich« gewesen. Hier brauchen die Urchristen eine Metapher, die tief im Schöpfungs- und Menschenbild der Bibel gründet. Dort steht im ersten Gedicht über die Schöpfung geschrieben:

»Und Gott sprach:
Laßt uns Menschen machen in unserm Bild und Gleichnis!
Sie sollen herrschen über die Fische des Meeres und über die Vögel des Himmels und über das Vieh und über die ganze Erde und über alle kriechenden Tiere, die auf der Erde kriechen!
Und Gott schuf den Menschen nach seinem Bild, nach dem Bild Gottes schuf er ihn; als Mann und Frau schuf er sie.«
(Gen 1, 26 – 28)

Die genaue Bedeutung des Wortpaars: Bild und Gleichnis, Abbild und Gestalt ist bis heute nicht restlos geklärt (**Gott und Mensch**). Die Absicht der Aussage ist trotzdem deutlich. Die Menschen sind zwar nicht so etwas wie Halbgötter, aber anders als alle anderen Lebewesen sind sie nicht nur fähig, geistig über sich selbst hinaus zu denken, sondern füreinander ein Verweis auf das ganz Andere, die transzendente Wirklichkeit, auf Gott hin zu werden und zu sein. So betrachtet kann die Bibel jeden Menschen als Gleichnis für die Wirklichkeit, die Existenz und Wesenheit Gottes begreifen. Damit kommt zugleich die unmittelbare Nähe und unendliche Distanz von Gott und Mensch → S. 98

zur Sprache. Daß Gott für einen Menschen *in einem Menschen* Gestalt – Wirklichkeit – annehmen kann, bedeutet also keine Vergötterung. Doch kann ein Mensch – und dies war nach christlicher Überzeugung der Fall bei Jesus von Nazareth – transparent, durchsichtig werden für Gott. Er kann zur offenen Tür werden, durch die ihm Gott entgegenkommt.

Für das theologische Verständnis der Messianität Jesu ist von großer Bedeutung: Jesus hat sich die einzigartige Stellung in der Heilsgeschichte nicht selbst herausgenommen. Vielmehr ermöglichte erst die Auseinandersetzung mit dem Kreuzestod den verunsicherten Anhängern Jesu, ihn in einer solchen heilsgeschichtlichen Bedeutung wahrzunehmen. Paulus selbst hat die ungeheure Provokation, die Jesu Tod damals bedeutete, später im 1. Korintherbrief in das einfache Bekenntnis gefaßt: »Wir verkünden den Messias [Jesus] und zwar als den Gekreuzigten, obwohl dies für [gläubige] Juden ein Ärgernis und für Heiden absurd ist« (1 Kor 1,23). Die Botschaft war im Grunde ganz einfach: Gott ist gerade in bedrängten Zeiten von Unterdrückung und Hoffnungslosigkeit nahe. Er wird die Menschen ganz gewiß in das weite Land der Freiheit und Hoffnung führen, wie er es vor Zeiten beim Auszug aus Ägypten getan hat. Man braucht nichts weiter zu tun, als sich vertrauensvoll in Gottes Hand zu geben – und danach zu handeln.

Jesu Botschaft wäre nichts Außergewöhnliches gewesen, wenn er nicht selbst mit seiner ganzen Person hinter ihr gestanden hätte. Er lebte seine Botschaft, er verkündigte sie nicht nur. Er war die Botschaft! Er lebte die Nähe Gottes, die er verkündete, und verwirklichte sie konsequent in Wort und Tat. Er war als Person das Wort Gottes, für die, die an ihn glauben, war er die Offenbarung. Er blieb seiner Bestimmung treu bis in seinen schrecklichen Tod hinein, bescheiden »gehorsam«, ohne Anmaßung.

Dies ist der Grund, weshalb ihn (wie Paulus sagt) Gott – nicht er sich selbst – »so hoch erhoben hat«. Nicht Jesus selbst hat sich einen Namen gemacht, sondern Gott hat ihm den Namen über allen Namen verliehen. Dieser Name ist der Name, in dem Gott sich selbst offenbart: Jahwe. Diesem Namen gilt die Anbetung, nicht dem Menschen Jesus. Christen glauben, daß in Jesus Gott seinen Namen als heilig erweist. Wie Mose nicht einen Dornbusch anbetete, sondern sich vor Gottes Gegenwart niederwarf, so beugen Christen ihre Knie vor dem Namen Gottes, der im schlichten, demütigen Menschen Jesus von Nazareth seine Kraft und Herrlichkeit bezeugte. Darum bekennt aller Zunge: »Herr ist Jesus der Messias.« Adonai, Herr, der Name, Gegenwart Jahwes ist Jesus, der von Gott als sein Wort und seine Zusage Herabgesandte. Aber Jesus selbst ist diese Sendung nicht zu seiner eigenen Ehre gegeben, sondern einzig und allein »zu Gottes, des Vaters, Verherrlichung«.

JESUS: GESCHICHTE, BOTSCHAFT UND GESCHICK

Jesus von Nazareth

Jesus selbst hat nichts Schriftliches hinterlassen, wir wissen nicht, wie er aussah, es gibt keine Biographie, keine Aufzeichnungen oder etwa Predigtnachschriften seiner Jünger. Über seine Familienverhältnisse läßt sich nur so viel sagen: Er stammte aus einfachen dörflichen Verhältnissen. Seine Mutter hieß Mariam, sein Vater Josef – allerdings gibt es Zweifel an Jesu ehelicher Geburt. Geboren wurde Jesus am Ende der Regierungszeit des römischen Kaisers Augustus um das Jahr 4 vor unserer Zeitrechnung möglicherweise in Bethlehem. Er wuchs in Nazareth, einem Dorf in Galiläa, auf. Seine Kindheit und Jugend liegen im Dunkel der Geschichte.

Die sogenannten Kindheitsgeschichten im Matthäusevangelium und im Lukasevangelium, die das christliche **Weihnachtsfest** begrün-→S. 96den, sind Jahrzehnte nach dem Tode Jesu entstanden. Sie wollen uns auch nicht darüber informieren, was sich damals bei der Geburt genau zugetragen hat. Es sind vielmehr theologische Geschichten voller biblischer Anspielungen, die zeigen wollen: Der von den christlichen Gemeinden geglaubte Messias Jesus war wirklich der von den Propheten verheißene Gesandte Gottes. Matthäus war wichtig, daß sich an Jesus die Geschichte Israels mit seinem Gott Jahwe bewahrheitete und vollendete. Für den griechischen Christen Lukas war Jesus von Anfang an Christus der Herr. Schon bei der Geburt macht ein Himmelsbote Jesu wahre Bedeutung kund: »Euch ist heute der Heiland geboren, welcher der Christus ist, der Herr – in der Stadt Davids« (Lk 2,11). Bedeutungsvoll auch der Name, der dem Kind gegeben wird: Jesus (aram. Jeschua, hebr. Jehoschua oder abgekürzt Josua). Das heißt übersetzt: Jahwe rettet, macht heil, erlöst. Der Evangelist Matthäus begründet diese Namensgebung mit dem Schlußvers von Psalm 130: »Ja, er [Jahwe] wird Israel erlösen von all seinen Sünden.«

Aber Matthäus sieht in Jesus noch mehr. Jesus ist die endliche Erfüllung der Verheißung, die der Prophet Jesaja einst vergeblich dem König Israels zu geben versuchte:

> »Sieh da – die junge Frau wird schwanger werden und einen Sohn gebären, und man wird ihm den Namen geben: EmanuEl. Das heißt übersetzt: ›mit uns ist Gott‹« (Mt 1,23)

Lukas geht in seiner theologischen Deutung noch einen Schritt weiter. Das Alte Testament kennt eine lange Tradition von verheißenen Kindern, deren Geburt in gefahrvollen Zeiten oft unfruchtbaren Müttern zur Rettung Israels angekündigt wird. Lukas stellt Jesus in seiner kunstvoll gestalteten Verkündigungsgeschichte (Lk 1,26–38) an das Ende der angekündigten Geburten. Gabriel (dt. = der für Gott streitet) wird als Gottesbote herabgesandt, um Mariam die Mutterschaft anzusagen und den Namen des Kindes, Jesus, zu deuten. Mariam ist jetzt in abgewandelter Weise EmanuEl: »Mit Dir ist Gott«. Den Grund, weshalb das Kind den Namen Jesus tragen wird, deutet der Engel im Lukasevangelium so:

> »Dieser wird groß sein und Sohn des Höchsten genannt werden, und Gott der Herr wird ihm den Thron seines Vaters David geben, und er wird König sein über das Haus Jakob in Ewigkeit, und seines Königtums wird kein Ende sein.« (Lk 1,32–33)

Die Legitimation dafür wird sein – so kündigt Gabriel an –: Der Geist (Gottes) wird über Mariam kommen und in ihr wohnen. Lukas sieht hier eine enge Verbindung zum sogenannten Thronbesteigungspsalm Davids des Königs von Israel (Ps 2). Dort erinnert David Gott in schwieriger Lage an die Worte, mit denen er ihn einst zum König Israels gemacht hatte:

> »Ich selber habe meinen König eingesetzt auf Zion, meinem heiligen Berg«.

Und David fährt fort:

> »Den Beschluß des Herrn will ich kundtun. Er sprach zu mir (David): ›Mein Sohn bist du. Heute habe ich dich gezeugt. Fordere von mir, und ich gebe dir die Völker zum Erbe, die Enden der Erde zum Eigentum‹«. (Ps 2,6–7)

Sowohl Matthäus als auch Lukas betrachten Jesus als Nachkommen Davids. Beide betonen deshalb, daß Jesus in Bethlehem, der Stadt Davids, zur Welt gekommen ist. Jesus ist der neue David, aber sein Königtum ist ohne Gewalt, ein Reich des Friedens und der Gerechtigkeit.

Tatsache ist freilich: Das ältere Markusevangelium, aber auch der Apostel Paulus in seinen Briefen, die zu den ältesten Schriftstücken des Neuen Testamentes zählen, und das Johannesevangelium kennen die Kindheitsgeschichten nicht. Gewiß ist nur, daß Jesus Anfang 30 gewesen sein muß, als er bei der Bußtaufe durch Johannes den Täufer im Jordan sein persönliches Berufungserlebnis hatte, das ihn bestimmte, nun selbst als Heiler und Wanderprediger in Galiläa und Juda herumzuziehen. Dieses öffentliche Wirken führte aber schon drei Jahre später zu seiner Verurteilung und Hinrichtung durch das Kreuz. Aber selbst über diesen Vorgang gibt es weder Prozeßakten, noch ein Hinrichtungsprotokoll.

Die wenigen außerbiblischen Zeugnisse über Jesus stammen allesamt aus einer Zeit, als bereits christliche Gemeinden bestanden. So ist für den römischen Historiker Tacitus (um 100 n. Chr.) Jesus der Urheber eines verderblichen Aberglaubens (Analen XV, 44), für die jüdische Überlieferung ein zu Recht hingerichteter Zauberer und Abfallprediger (Sanherdrin 43 a). Der jüdische Geschichtsschreiber Flavius Josephus erwähnt Jesus im Zusammenhang seiner Schilderung der Prokuratur des Pilatus. Er wird dort als »sogenannter Christus« im Rahmen von religiösen Betrügern und Scharlatanen erwähnt. So wenig zahlreich und erfreulich die historischen Randbemerkungen zu Jesus auch sind, sie sind ein wichtiger Beleg dafür, daß er auch den Gegnern durchaus als historische Gestalt bekannt war und zu jener Zeit niemand unterstellen wollte, er sei eine Kunstfigur, die seine Anhänger erfunden hätten. Tatsächlich wurde die Existenz des historischen Jesus von Nazareth erst in der Neuzeit in Zweifel gezogen.

Das Zeugnis des Neuen Testamentes

Christen glauben, daß der Jude Jesus von Nazareth der »Messias-Christus des Glaubens« ist. Für sie ist dieser historische Mensch der Bote und die Botschaft Gottes. Mit der Frage, ob er wirklich gelebt hat, steht und fällt also das Christentum. Mit anderen Worten: Christen glauben nicht an die Bibel, sondern an den, den sie bezeugt. Das Christentum hat also in der Tat ein völlig anderes Schriftverständnis als etwa der Islam. Für ihn ist der Koran unmittelbar Offenbarung, Wort Gottes. Das Neue Testament folgt überhaupt einer anderen Logik. Die 27 Schriften des Neuen Testamentes stellen eine Sammlung und Auswahl aus einer Fülle frühchristlicher Brief- und Evangelienliteratur dar, verfaßt von unterschiedlichen Autoren. Diese Schriften bilden nicht eine harmonische Einheit, sondern vertreten zum Teil sehr unterschiedliche Auffassungen über die theologische Bedeutung Jesu. Sie können nicht einfach harmonisiert werden.

Der Mut zur Vielfalt macht die einzigartige Bedeutung des Neuen Testamentes, des heiligen Buches der Christenheit, aus. So enthält die Schrift *vier Evangelien*, welche die kurze Zeit des öffentlichen Wirkens Jesu für den Glauben der urchristlichen Gemeinden festzuhalten versuchen. Sie haben sich in der alten Kirche deshalb durchgesetzt, weil durch sie hindurch das Christusereignis am besten zur Sprache zu kommen schien. So bilden die Evangelien den Rahmen und das Richtmaß, an dem sich entscheidet, ob ein Christusverständnis wahr und authentisch ist.

Die vier Evangelien bilden als Ganzes eine *Synopse*, eine Zusammenschau des Wirkens Jesu. Vor ihrem Hintergrund wird Jesus in seinen Grundzügen sichtbar, als der, der er wirklich war. In der *Apostelgeschichte* unternimmt es Lukas, aus dessen Feder auch das gleichnamige Evangelium stammt, nach Art der antiken Geschichtsschreibung darzustellen, wie und warum es nach dem Tod Jesu zur Kirche kam und wie sich das Christentum dann, vor allem durch die unermüdliche apostolische Missionsarbeit des Paulus aus Tarsus, bis an die Grenzen der damals bekannten Welt ausbreitete. Von der Briefliteratur sind vor allem die von Paulus selbst verfaßten Briefe an seine Gemeinden von hoher theologischer Bedeutung. Sie entstanden größtenteils kaum ein Jahrzehnt nach Jesu Tod, lange vor den Evangelienschriften. Paulus, ein hochgebildeter Mann, der ursprünglich der jüdischen Reformbewegung der Pharisäer angehörte, legt in seinen Briefen den Grundstein für das theologische Nachdenken über das

Christusgeschehen. Seine Christologie nahm maßgeblichen Einfluß auf die frühchristliche Theologie. Die späteren apostolischen Briefe erlauben Einblicke in die bereits im ersten Jahrhundert beginnenden geistigen Auseinandersetzungen und theologischen Konflikte der Urkirche. Sie zeigen den allmählichen Wandel der Jesusbewegung zu einer religiösen Institution: der Kirche. Die späteste Schrift des Neuen Testamentes, die Offenbarung des Johannes spiegelt bereits die Zeit → S. 109 der beginnenden Verfolgung durch den römischen **Staat** wider. Die sogenannte »Geheime Offenbarung« verwendet die literarische Form und Sprache der damals sehr beliebten Apokalypsen, um den verunsicherten und verfolgten Gläubigen Zuversicht zu geben. Am Ende, das sich schon in vielen Zeichen ankündigt, wird die gewaltlose Macht Christi die Macht und den Terror des Imperiums überwinden. In einem vom Himmel kommenden Reich des Friedens würden nach allen Leiden die Tränen getrocknet und alles seinen Sinn gehabt haben.

Die Bibel des Alten und des Neuen Testamentes ist das kritische Maß, an dem sich spätere Dogmen auf ihre Legitimität hin prüfen lassen müssen. Denn es gibt keine andere zuverlässige Quelle, keinen anderen geschichtlichen Zugang zum Verstehen der Offenbarung, die sich nach christlicher Glaubensüberzeugung in der Person und im Werk des Nazareners manifestiert, als eben das Zeugnis der Schrift. Christen müssen deshalb ständig nach ihrem Ursprung fragen. Jesus Christus in seiner Zeit, Sprache, Kultur und religiösen Tradition zu sehen und zu verstehen ist deshalb auf dem Weg zur ursprünglichen Botschaft und Offenbarung unverzichtbar.

Die Botschaft

Je mehr Jesus in seiner Zeit, Kultur und Religion vor unseren Augen Gestalt annimmt, um so mehr beginnt man sich zu fragen: Was war denn eigentlich so neu an seiner Botschaft, daß er die Menschen mehr und nachhaltiger zu fesseln vermochte als andere jüdische Lehrer seiner Zeit? Warum Jesus und nicht Johannes der Täufer, warum nicht der damals ebenso für seine Menschlichkeit berühmte Wundertäter Hanina ben Dosa oder der wegen seiner Gelehrsamkeit hoch geachtete Rabbi Hillel? Wenn Jesu Lehre und seine Sprache so tief verwurzelt waren in der religiösen Tradition des galiläischen Judentums, warum wurden sie dann von seinen Zeitgenossen als etwas so unerhört Provozierendes empfunden, daß es ihn das Leben kostete?

Das Evangelium nach Markus – das älteste und ursprünglichste der vier Evangelienschriften – beginnt seinen Bericht über das erste Auftreten Jesu nüchtern und lapidar mit diesen Worten:

> »Und es geschah in jenen Tagen: Jesus kam von Nazareth in Galiläa und wurde von Johannes im Jordan getauft. Und sobald er aus dem Wasser heraufstieg, sah er die Himmel sich teilen und den Geist wie eine Taube auf ihn herabfahren. Und eine Stimme kam aus den Himmeln: Du bist mein geliebter Sohn, an dir habe ich Wohlgefallen gefunden.
>
> Und sogleich treibt ihn der Geist in die Wüste hinaus. Und er war vierzig Tage in der Wüste und wurde von dem Satan versucht; und er war unter den wilden Tieren, und die Engel dienten ihm.
>
> Und nachdem Johannes überliefert war, kam Jesus nach Galiläa und predigte das Evangelium Gottes und sprach: *Die Zeit ist erfüllt, und das Reich Gottes ist nahe gekommen.* Tut Buße und glaubt an das Evangelium!« (Mk 1,10–16)

Was erfahren wir? Jesus wird von Johannes getauft. Dieses Geschehen wird für ihn zu seinem Berufungserlebnis. Er macht eine Gotteserfahrung. Gottes Geist begegnet Jesus »wie eine Taube«. Sie ist im Orient das uralte Sinnbild mütterlicher Fruchtbarkeit, Reinheit und des Geliebt-Werdens. Jesus erkennt sich als von Gott angenommen: Du bist es, den ich ausgewählt habe, mein Wort, mein Bote, mein Sohn, mein Prophet zu sein, den ich jetzt sende. Aber zuerst muß er in die Wüste hinaus. Wieder treffen wir auf das Motiv des Auszugs, des Exodus in die Wüste, wie schon in der Erzählung von der Berufung Moses (Ex 3,1–15). Denn nur wer die Wüstenwanderung Israels am eigenen Leib und mit eigener Seele mitgemacht hat, ist frei und offen, das gelobte Land zu sehen und von ihm zu erzählen.

Was Markus hier in seiner auch sonst wortkargen Art berichtet, macht Lukas in voller Tragweite bekannt:

> »Und Jesus kehrte in der Kraft des Geistes nach Galiläa zurück, und die Kunde von ihm ging hinaus durch die ganze Umgegend. ... Und er lehrte in ihren Synagogen, geehrt von allen.
> Und er kam nach Nazareth, wo er erzogen worden war; und er ging nach seiner Gewohnheit am Sabbattag in die Synagoge und stand auf, um vorzulesen. Und es wurde ihm das Buch des Propheten Jesaja gereicht; und als er das Buch aufgerollt hatte, fand er die Stelle, wo geschrieben war:
> ›Der Geist des Herrn ist auf mir, weil er mich gesalbt hat,
> Armen gute Botschaft zu verkündigen; er hat mich gesandt,
> Gefangenen Freiheit auszurufen und
> Blinden, daß sie wieder sehen,‹
> ›Zerschlagene in Freiheit hinzusenden‹,
> ›auszurufen ein angenehmes Jahr des Herrn.‹
> Und als er das Buch zugerollt hatte, gab er es dem Diener zurück und setzte sich; und aller Augen in der Synagoge waren auf ihn gerichtet. Er fing aber an, zu ihnen zu sagen: *Heute ist diese Schrift vor euren Ohren erfüllt.*« (Lk 4,14–21)

Dieses Hier-und-heute erfüllt das ganze Evangelium nach Lukas mit einer drängenden Direktheit. Es gibt keinen Grund mehr, abzuwarten oder irgendwelche wichtigen Geschäfte vorzuschieben. Gottes Ruf kommt immer ungelegen. Die Bitte um Bedenkzeit läßt er nicht gelten. Aber anders als der Täufer hält Jesus keine Drohpredigt. Nichts davon, erst einmal sein eigenes Leben in Ordnung zu bringen. Die neue gute Zeit Gottes, die im Kommen ist, sie ist Geschenk. Gottes Kommen läßt sich weder mit Gewalt herbeizwingen (Zeloten) noch errechnen (Apokalyptiker), weder ist es für einen heiligen Rest (Essener) bestimmt, der sich durch kultischen und sittlichen Gehorsam in der Wüste dafür rüstet, noch läßt es sich durch treue Befolgung des Zeremonialgesetzes beschleunigen (Pharisäer) oder durch Opfer erkaufen (Sadduzäer). Nein: Die Gottesherrschaft ist kein »Joch«, das man – wie manche Schriftgelehrte damals lehrten – erst auf seine Schultern laden muß, um irgendwann vielleicht an ihren Freuden teilnehmen zu dürfen. Das ist das Provozierende: Das Angebot einer neuen Freiheit, eines neuen Exodus in Gottes Herrschaftsbereich, wo alle körperliche und seelische Not ein Ende haben wird. Es wird nicht denen in Aussicht gestellt, die meinen, einen Anspruch darauf zu haben, sondern

- den *Armen*, den Habenichtsen, den Ungebildeten, denen, die den Gesetzen jüdischen Lebens nicht folgen, weil sie das Gesetz gar nicht kennen;
- den *Gefangenen*, denen, die wirklich im Gefängnis sitzen, und denen, die in ihrem eigenen Leben gefangen sind, ohne Hoffnung, das Netz eines Tages zu zerreißen;
- den wirklich *Blinden* und denen, die nicht über den Berg sehen, die keinen Sinn und keine Zukunft mehr zu erwarten haben;
- den *Zerschlagenen*, Geschlagenen, Niedergeschlagenen, den vom Leben Besiegten.

Die Orientierung an denen, die ganz unten sind, macht die Kunde vom nahe bevorstehenden Kommen Gottes zu einer Guten Nachricht: zum Evangelium. Ob ein Mensch bereit ist, die Bevorzugung der Armen für sich selbst zu akzeptieren, macht freilich oft aus, ob er Jesus Glauben schenken kann oder sich verärgert abwendet. Schnell schlägt sonst die anfängliche Verwunderung in Verärgerung um. Lukas weiß zu berichten, daß Jesus fürchten mußte, in seinem eigenen Heimatdorf gelyncht zu werden (Lk 4,28–30). Anderswo freilich, zum Beispiel in Kapernaum am See, erkannten seine Zuhörer, daß sie nicht bloß einen Theologiekundigen vor sich hatten, der feurige Predigten zu halten verstand, sondern einen Menschen, der wirklich die Vollmacht hatte, Gottes Kommen anzukündigen (Mk 1,22), einen Propheten, ja mehr als einen Propheten.

»Jesus verkündigte keine theologische Theorie und kein neues Gesetz, auch nicht sich selbst, sondern das Reich Gottes: die Sache Gottes (= Wille Gottes), die sich durchsetzen wird und die identisch ist mit der Sache des Menschen (= Wohl des Menschen).« (Hans Küng). Das Wort »Reich Gottes« oder »Königsherrschaft Gottes« ist uns heute wenig geläufig. Für Juden der Zeit Jesu drückten diese Worte die dringende Hoffnung aus, Gott möge sich als der wahre Herr und machtvolle Herrscher dieser rätselhaften, gewalttätigen Welt nicht ewig verborgen halten, sondern jetzt aus seiner Verborgenheit heraustreten und seine gerechte, barmherzige Herrschaft über Israel und die Welt aufrichten. In diesem endzeitlichen Reich Jahwes würden alle Völker im Gottesfrieden seiner Geistesgegenwart gleichberechtigt zusammenleben. »Schalom«: Frieden, Heil, Gerechtigkeit, Solidarität mit allen Menschen und Recht würden herrschen; wirkliche Freiheit und Befreiung geschehen; Menschen würden nicht mehr über Menschen herrschen und urteilen, sondern von Gottes Barmherzigkeit her denken.

Für Jesus ist Gottesherrschaft nicht der Himmel, in den man dereinst zu kommen hofft. Sie ist nicht als Jenseits gedacht, nicht als Flucht in die Innerlichkeit, sondern zu verstehen als tatsächliche Änderung der bestehenden Verhältnisse, als kosmische Umgestaltung, Weltenwende, und zwar nicht irgendwann in ferner Zukunft, sondern demnächst, in Bälde, ja jetzt schon. Und so können die Evangelisten Matthäus und Lukas die Hoffnungsbotschaft Jesu wie einen Jubelruf an den Anfang ihrer sogenannten »Bergpredigt« stellen: »Selig seid ihr …« – jetzt.

»Als Jesus die vielen Menschen sah, stieg er auf einen Berg. Er setzte sich, und seine Jünger traten zu ihm. Dann begann er zu reden und lehrte sie. Er sagte:

›Selig, die arm sind vor Gott; denn ihnen gehört das Himmelreich.

Selig die Trauernden; denn sie werden getröstet werden.

Selig, die keine Gewalt anwenden; denn sie werden das Land erben.

Selig, die hungern und dürsten nach der Gerechtigkeit; denn sie werden satt werden.

Selig die Barmherzigen; denn sie werden Erbarmen finden.

Selig, die ein reines Herz haben; denn sie werden Gott schauen.

Selig, die Frieden stiften; denn sie werden Söhne Gottes genannt werden.

Selig, die um der Gerechtigkeit willen verfolgt werden; denn ihnen gehört das Himmelreich.

Selig seid ihr, wenn ihr um meinetwillen beschimpft und verfolgt und auf alle mögliche Weise verleumdet werdet.

Freut euch und jubelt: Euer Lohn im Himmel wird groß sein. Denn so wurden schon vor euch die Propheten verfolgt.‹«

(Mt 5,1–12; Lk 6,20–23)

»Selig« meint in der Bergpredigt nicht ein jenseitiges Glück. Wer selig ist, erlebt hier und jetzt vollkommenes Glück. Wenn wir in unserer Sprache sagen, jemand sei selig, dann wollen wir damit ausdrücken, daß er einen der seltenen Höhepunkte im Leben erfährt, wo er sich vollkommen verstanden, vollkommen angenommen, geliebt und erfüllt empfindet. Dieses Glück, diese Seligkeit ist es, die Jesus mit der kommenden Gottesherrschaft verbindet und ankündigt.

Es geht hier keineswegs um eine billige Vertröstung. Keine Glorifizierung von Armut und Behinderung; keine Glorifizierung der Schwachen und Trauernden, aber eine Umwertung der eingespielten

→S.111 Ordnung der Welt: nicht die Gewalttätigen (**Christentum und Gewalt**), nicht die Militärs, nicht die zelotischen Eiferer und Terroristen, sondern die Sanftmütigen, die Friedfertigen werden »das Land besitzen«, nicht die, die Macht haben, nicht die, die Gesetze machen zu ihrem Vorteil, nicht die, die das Gesetz auf ihrer Seite wähnen, sind die Gerechten, sondern die, die Gerechtigkeit suchen.

Wer das nicht versteht, verpaßt das Leben. Lukas läßt deshalb auf seine Seligpreisungen ein vierfaches »weh euch« folgen:

> »Weh euch, die ihr reich seid; denn ihr habt keinen Trost mehr zu erwarten.
> Weh euch, die ihr jetzt satt seid; denn ihr werdet hungern.
> Weh euch, die ihr jetzt lacht; denn ihr werdet klagen und weinen.
> Weh euch, wenn euch alle Menschen loben; denn ebenso haben es ihre Väter mit den falschen Propheten gemacht.« (Lk 6,24–26)

Wer sein Herz an die falschen Dinge hängt, gerade wer meint, alles zu haben und alles erreichen zu können, dem kann es passieren: Er steht am Ende vor dem Nichts, wenn seine bisherige Lebensplanung scheitert, sein Vermögen zerrinnt, wenn er die Menschen, die er liebt, Beruf und Karriere, Gesundheit und Ansehen verliert. Wie soll er jetzt den Exodus in ein neues Leben wagen, wenn er das alte nicht loslassen kann oder will? Was bleibt, wenn es keine Hoffnung gibt, die über das dem Menschen Mögliche hinausreicht, außer Verzweiflung und Sinnlosigkeit?

So muß es freilich nicht enden, und so ist es nicht gemeint, daß man es sich schon mit Gott verscherzt, wenn es einem gut geht, wenn man zufrieden ist, sich des Lebens freut und erfolgreich ist. Vielmehr geht es um die innere Haltung und Freiheit all diesen Lebensgütern gegenüber. Gemäß der Verheißung, wie Paulus interpretiert: Leben wird der, der aus dem Grund seines bedingungslosen Glaubens und Vertrauens in Gott lebt (vgl. Röm 1,17; 4,1–25). Tatsächlich wird den Menschen von Jesus nicht mehr gegeben als die Verheißung, daß sich alles ändern kann. Aber darauf muß man vertrauen. Letzte Gewißheit gibt es nicht.

Das Gebet

In diesem Zusammenhang lesen wir im Neuen Testament, daß die Jünger Jesus bitten, sie beten zu lehren. Offenbar war das Beten trotz aller Glaubensgewißheit auch damals ein Problem. Offenbar ist ein fester und gewisser Glaube letztlich doch keine Gewähr dafür, daß man sich im Gebet richtig verhält; das heißt auf eine Weise betet, die wirklich etwas am oder im Leben verändert.

Jesus lehrte seine Jünger beten, aber anders, als sie es erwarteten. Er antwortete auf ihre Bitte mit einem schlichten und kurzen Gebet. Es ist für die Christenheit als das »Vaterunser« zum Vorbild des Betens schlechthin geworden. Matthäus und Lukas überliefern es uns in der denkbar kürzesten und ursprünglichsten Fassung:

»Unser Vater in den Himmeln,	»Vater,
geheiligt werde dein Name;	geheiligt werde dein Name;
dein Reich komme;	dein Reich komme;
dein Wille geschehe, wie im	
Himmel so auch auf Erden!	
Unser tägliches Brot gib uns	unser nötiges Brot gib uns täglich;
heute; und	und
vergib uns unsere Schulden, wie	vergib uns unsere Sünden, denn
auch wir unseren Schuldnern	auch wir selbst vergeben jedem,
vergeben haben; und	der uns schuldig ist; und
führe uns nicht in Versuchung,	führe uns nicht in Versuchung.«
sondern errette uns von dem	
Bösen!«	
(Mt 6,9−13)	(Lk 11,2b−4)

Dieses erstaunliche Gebet ist in der Tat anders als die »fromme Seele« erwartet, ja fordert. Es beschränkt sich auf fünf Bitten oder Themen, welche die aktuellen Sorgen und Bedürfnisse zurücknehmen auf das Allernotwendigste:

- Gottes Namen,
- das Kommen seines Reiches,
- das Überlebensnotwendige,
- gegenseitige Vergebung,
- Rettung vor Versuchung.

Gott halte seinen Namen für uns heilig: Wenn Gott, wie das der jüdischen Tradition vertraut ist, familiär als Vater angesprochen wird, dann darf gleichwohl nicht übersehen werden: »Vater« ist nicht der Name Gottes, der heilig gehalten werden soll, beziehungsweise den Gott als heilig erweisen soll! Nein, der heilige Name Gottes ist der Name, der Mose offenbar wurde, als er in der Wüste dem brennenden Dornbusch begegnete: Jahwe. Gottes Namen heilig halten heißt also nichts anderes, als was schon die ersten drei Weisungen vom Berg Sinai tief ins Gedächtnis Israels geschrieben haben: Wenn du mir folgen willst, dann wirst du mit deiner ganzen Kraft dein ganzes Vertrauen allein auf mich setzen. Du wirst kein eigenes Gottesbild, keine deiner Gottesvorstellungen, keine Ideologie und keine Religion an meine Stelle setzen, sondern dich immerzu bereit halten, daß ich dir auf deinem Weg durch die Wüste, die Höhen und Tiefen deines Lebens unverhofft und unvorhersehbar begegne. Ich werde *dann* meinen Namen erweisen, ich werde mich dir zu erkennen geben, so daß du erkennst und erfahren kannst: *Ich bin da.*

Nur eine solche vorbehaltlose Offenheit für das Geheimnis Gottes machte es der verunsicherten Schar der Jesusjünger nach dem schrecklichen Ende Jesu möglich, ihn jetzt selbst als ihren »Dornbusch« zu erfahren, durch den ihnen Gottes heiliger Name auf neue Weise offenbar wurde. Nur so war es möglich, daß für sie nicht mehr die Gottesoffenbarung vom Sinai, sondern der Messias Jesus zum Weg, zur Wahrheit und zum Leben wurde (Joh 14,6). »Dein Name werde geheiligt« meint dann nichts anderes, als daß der Gläubige sich ganz und gar öffnet, nicht um Gott in den Ohren zu liegen, sondern um bereit zu sein, sich den Sinn, die Richtung des Lebens ganz und gar von ihm weisen zu lassen. Dann geht es darum, bereit zu sein, über die eigenen Lebenspläne und Ziele hinauszudenken, bereit zu sein auch für die unerwünschten Wenden des Lebens: Krankheit, Scheitern, persönliche Verluste, den unvermeidlichen Tod.

Dein Reich komme: So heißt die zweite Bitte. An dieser Stelle findet sich in alten Bibelhandschriften oft die Bitte: »Dein heiliger Geist komme auf uns und reinige uns.« Die Bedeutung bleibt sich gleich: Gottes Gegenwart, seine Geistesgegenwart wird im Vaterunser-Gebet zum obersten Motiv menschlichen Handelns, zum Grund aller Hoffnungen erklärt.

Dein Wille geschehe: Gottes Wille, nicht menschliche Eigensucht, nicht politisches Machtkalkül, nicht der eigene Vorteil, sondern das, was für alle Menschen gut ist, soll die Maxime sein, nach der alle menschlichen Beziehungen gestaltet werden. Nichts davon also, daß Friede, Gerechtigkeit und die Bewahrung der Schöpfung auf den Jüngsten Tag verschoben werden dürften: Weil Gott es dann schon richten werde. Heute soll Gottes Geist zur Herrschaft kommen. Dazu ist es notwendig, alle menschliche Herrschaft, allen nur zu menschlichen Geist immer wieder neu in Frage zu stellen, um offen zu werden für das, was wirklich not tut und jetzt zu tun ist.

Die Bitte um das tägliche Brot: Gott ist kein Katastrophenhilfswerk, er verteilt kein Brot. Brot ist in dieser Bitte Symbol für das absolut Lebensnotwendige. Und damit sind nicht nur materielle Güter gemeint, sondern auch die geistigen. Die Brotbitte hat, wenn wir genau hinsehen, zwei Richtungen:

- daß Menschen sich bewußt machen, was sie wirklich brauchen, was sie wirklich benötigen, um als Menschen menschlich leben und überleben zu können;
- daß Menschen sich bewußt machen, daß sie ihr Leben und die Erde, die sie nährt und erhält, letztlich nicht sich selbst verdanken, sondern daß sie Geschenk sind, eben jener letzten Wirklichkeit, die sie Gott nennen.

Auch die Brotbitte hat also die Aufgabe, den Horizont, das Denken zu erweitern. Sie wird damit zum lebendigen Ausdruck der Hoffnung: Das Leben ist mehr wert, als was Menschen mit eigenen Kräften schaffen, und es behält seinen Sinn, selbst, wenn alle Pläne scheitern und Verzweiflung sie zu überwältigen droht.

Die Bitte um Versöhnung: Es fällt auf, daß die Bitte darum, daß Gott die Menschen mit sich versöhnt, eng verbunden ist mit der Bereitschaft, selber zu vergeben. Muß man es angesichts dessen, was jeden Tag in den Nachrichten zu hören und zu sehen ist, was wir selbst ständig aus nächster Nähe erleben, noch begründen? Vergebung und Versöhnung sind die zentralen Themen auch der gegenwärtigen Welt. Aber auch hier werden wir durch Jesus belehrt: Gott um Vergebung zu bitten, ohne selbst wenigstens die Bereitschaft zu haben, zu vergeben und sich mit den anderen zu versöhnen, wäre ein falsches Gebet. Warum dann aber noch die letzte Bitte?

Führe uns nicht in Versuchung: Gemeint ist keineswegs, wie man früher manchmal deutete, daß Gott die Menschen, sozusagen aus pädagogischen Gründen, prüfe, das heißt sie absichtlich selbst in schwierige oder aussichtslose Lebenssituationen führe, um zu sehen, ob sie ihm auch unter solchen Bedingungen – wie der biblische Hiob – die Treue hielten. Vielmehr geht es darum, daß Menschen sehr schnell an ihrem Vertrauen in Gott zweifeln, wenn die Dinge nicht so laufen, wie erwartet. Es scheint dann allemal besser, das eigene Geschick und das Schicksal der Welt in die eigenen Hände zu nehmen.

Im äußersten Fall endet die Gesellschaft in einer Art »Gotteskomplex« (Horst Eberhard Richter), nämlich im Wahn, selbst alles zu können und zu dürfen, ja autonomer, niemandem mehr verantwortlicher Schöpfer der eigenen Welt zu sein.

Hier wird das Vaterunser zur eindringlichen Mahnung, sich den offenen Blick für die Grenzen der menschlichen Möglichkeiten zu bewahren. Letztlich geht es beim Gebet Jesu um die Bescheidenheit, um das Vertrauen, um die Bereitschaft, Gott Gott sein zu lassen. Tatsächlich geht es wieder und wieder um dieselbe Wahrheit: Nüchtern besehen gibt es für das Gelingen menschlichen Lebens keine Erfolgsgarantie, keine Sicherheit. Man muß sich für einen Weg entscheiden, ohne zu wissen, ob hinter der letzten Biegung das Ziel aller Hoffnungen liegt. Die Frage bleibt auch immer dieselbe, nämlich: ob der Boden, auf den wir uns verlassen, auch trägt, oder ob wir uns Illusionen hingeben und auf nichtsnutzige Dinge setzen.

Das ist genau der springende Punkt der Frage nach Gott. Der Reformator *Martin Luther* hat sie in seinem Kommentar zum ersten Gebot im großen Katechismus von 1529 mit gestellt und beantwortet:

»Das erste Gebot
›Du sollst nicht andere Götter haben!‹

Das bedeutet, du sollst mich alleine für Deinen Gott halten. Was ist damit gesagt und wie versteht man's? Was heißt das, einen Gott haben oder was ist Gott? Ein Gott heißt das, wovon man alles Gute hat und erwartet und bei dem man in allen Nöten Zuflucht sucht. So bedeutet einen Gott haben nichts anderes als ihm von Herzen glauben und trauen. So macht allein die Art und Weise, wie ich in meinem Herzen vertraue und glaube, aus, ob ich einen Gott oder einen Abgott [Götzen] habe. Ist dein Glaube und dein Vertrauen echt und richtig, so hast du deinen richtigen Gott. Wiederum: Wo dein Vertrauen falsch und unrecht ist, da ist auch der rechte Gott nicht. Denn die zwei gehören zusammen, Glaube und Gott. Woran du nun dein Herz hängst und worauf du dich verläßt, das ist eigentlich dein Gott.« (Martin Luther, Der große Katechismus)

Luthers Kommentar zum ersten Gebot: »[Wenn du willst, daß ich dein Gott sei] wirst du keine anderen Götter neben mir haben« (Ex 20,33), vor 470 Jahren geschrieben, ist so aktuell und über alle konfessionellen und religiösen Grenzen hinaus gültig wie am ersten Tag. Man braucht keine theologische Vorbildung, um ihn zu verstehen. An Gott glauben bedeutet nicht, an irgend eine Theorie über Gott zu glauben. Nicht, daß Glaubensinhalte keine Rolle spielten im Christentum. Aber sie sind nicht das erste. Das erste ist die persönliche Vertrauensbeziehung gegenüber Gott. Ohne ein letztes, vorbehaltloses Vertrauen, ohne ein letztes existentielles Sich-Einlassen auf das, was mich »unbedingt angeht« (Paul Tillich), vermag alle Theologie der Welt mir keinen Gott zu geben. Nur wo mein Vertrauen »echt und richtig« ist, habe ich meinen »richtigen Gott«.

Der Konflikt

Jesu Botschaft von der nahen Gottesherrschaft ging über die Grenzen des politisch Machbaren, religiös Erlaubten und Gebotenen hinaus. Er sprach »wie einer der Macht hat« (Mk 1,22), nämlich mit einer Autorität, die seinen Zuhörern die Sprache verschlug. Er handelte souverän, wie nur ein Mensch handeln durfte, der sich von Gott selbst gesandt und berufen wußte. Dies forderte um so mehr heraus, als Jesus in kein Schema paßte: Er war kein Priester, kein anerkannter Schriftgelehrter, weder ein Asket noch ein frommer Moralist, und sein Programm war nicht politisch. Gerade dadurch aber provozierte er nach allen Seiten: »Gott offenbar näher als die Priester. Zugleich der Welt gegenüber freier als die Asketen. Moralischer als die Moralisten. Und revolutionärer als die Revolutionäre.« (Hans Küng)

Er war verschrien als »Fresser und Säufer«, »Freund der Zöllner und Sünder« (Mt 11,19; Lk 7,23). Er galt als Volksverführer, weil er das Wohl der Menschen über das Sabbatgebot stellte: »Der Sabbat ist um des Menschen willen geschaffen worden und nicht der Mensch um des Sabbats willen; somit ist der Sohn des Menschen Herr auch des Sabbats« (Mk 2,27–28; vgl. Mt 12,1–13). Als er Menschen ihre bösen Geister austrieb, beschuldigte man ihn, er sei mit dem Teufel im Bunde. Für Jesus selbst war die Öffnung für den guten Geist Gottes nur ein selbstverständliches Zeichen für das Kommen der Gottesherrschaft (Mt 11,23–28). Und genau so ist es mit allen Wundergeschichten, welche die Evangelien erzählen. Sie wollen nicht die Sensationsgier der Leute befriedigen. Vielmehr handelt es sich – ob es um Heilungen, Exorzismen, den wunderbaren Fischfang (Lk 5,2–12) oder die Brotvermehrung (Mt 5,15–21 par.) geht – stets um ein inneres Glaubenserlebnis bei den Anwesenden: Weil du glaubst, daß Gott in deine Zeit kommt, bist du gesund, heil, satt geworden; dein Glaube hat dir das Leben zurückgegeben.

Aber noch mit einem anderen, vielleicht noch gefährlicheren Vorwurf sah sich Jesus ständig konfrontiert: Er pflegte einen Umgang mit Frauen, der im patriarchalen Umfeld des damaligen Judentums höchst ungehörig war: Pharisäische Schriftgelehrte nahmen Anstoß daran, daß er wider alle Tradition Frauen in sein Lehrhaus aufnahm und zu seinem Jüngerkreis zählte; ja, er ließ sich nicht nur auf ein Gespräch mit zweifelhaften Frauen ein, sondern ließ es sogar zu, daß eine Dirne ihn salbte und küßte:

»Es bat ihn aber einer der Pharisäer, daß er mit ihm essen möge; und er ging in das Haus des Pharisäers und legte sich zu Tisch. Und siehe, [da war] eine Frau in der Stadt, die *eine Sünderin* war; und als sie erfahren hatte, daß er in dem Haus des Pharisäers zu Tisch lag, brachte sie eine Alabasterflasche mit Salböl, trat von hinten an seine Füße heran, weinte und fing an, seine Füße mit

Tränen zu benetzen, und trocknete sie mit den Haaren ihres Hauptes. [Dann] küßte sie seine Füße und salbte sie mit dem Salböl. Als aber der Pharisäer, der ihn eingeladen hatte, das sah, sprach er bei sich selbst und sagte: Wenn dieser ein Prophet wäre, so würde er erkennen, wer und was für eine Frau [das ist], die ihn anrührt; denn sie ist eine Hure.

Und Jesus antwortete und sprach zu ihm: Simon, ich habe dir etwas zu sagen. Er aber sagt: Lehrer, sprich! –

Ein Gläubiger hatte zwei Schuldner; der eine schuldete fünfhundert Denare, der andere aber fünfzig; da sie aber nicht zahlen konnten, schenkte er es beiden. Wer nun von ihnen wird ihn am meisten lieben?

Simon aber antwortete und sprach: Ich nehme an, [der], dem er das meiste geschenkt hat. Er aber sprach zu ihm: Du hast recht geurteilt.

Und sich zu der Frau wendend, sprach er zu Simon: Siehst du diese Frau? Ich bin in dein Haus gekommen, du hast mir kein Wasser für meine Füße gegeben; sie aber hat meine Füße mit Tränen benetzt und mit ihren Haaren getrocknet. Du hast mir keinen Kuß gegeben; sie aber hat, seitdem ich hereingekommen bin, nicht abgelassen, meine Füße zu küssen. Du hast mein Haupt nicht mit Öl gesalbt; sie aber hat mit Salböl meine Füße gesalbt. Deswegen sage ich dir: Ihre vielen Sünden sind vergeben, denn sie hat viel geliebt; wem aber wenig vergeben wird, der liebt wenig.

Er aber sprach zu ihr: *Deine Sünden sind vergeben.*

Und die, die mit zu Tisch lagen, fingen an, bei sich selbst zu sagen: Wer ist dieser, der auch Sünden vergibt?

Er sprach aber zu der Frau *Dein Glaube hat dich gerettet.* Geh hin in Frieden!« (Lk 7,36 – 50)

Wenn eines der Urteile über Jesus, die uns die neutestamentlichen Schriften überliefern, ganz gewiß zutrifft, schon deswegen, weil es so unerhört klingt, dann dieses: Er war ein »Freund der Zöllner und Sünder« (Mt 11,19), was nichts anderes heißt, als daß er sich mit Gesindel abgab. Viele Anekdoten, Episoden und Gleichnisse berichten davon: Die Geschichte von der Heilung des Lahmen in der Synagoge von Kapernaum (Lk 5,17 – 25), dem er seine Sünden vergibt, um Gottes Willen kund zu tun; der Besuch beim Zöllner Zachäus (Lk 19,1 – 10), den dieser Besuch dazu bewegt, sein Leben zu ändern; die Erzählung von der ertappten Ehebrecherin mit der überraschenden Pointe: »›Ist keiner mehr da, um dich zu verurteilen?‹ ›Keiner, Herr‹, antwortete sie. ›Gut‹, sagte Jesus, ›ich will dich auch nicht verurteilen. Du kannst gehen; aber tu es nicht wieder!‹« (Jo 8,3 – 11)

Oder denken wir an das Gleichnis vom verlorenen Sohn, besser vom barmherzigen Vater (Lk 15,11 – 32), oder an jenes vom verlorenen Schaf (Mt 18,12 – 14; Lk 15,1 – 7) mit der berühmten Schlußsentenz: »So wird im Himmel mehr Freude sein über einen Sünder, der Buße tut, als über neunundneunzig Gerechte, die der Buße nicht bedürfen.«

So unermüdlich hatte sich Jesus für Versöhnung eingesetzt, daß sich nach seinem Tode sein ganzes Leben und Sterben im Bekenntnis zusammenfassen ließ: »Christus ist für unsere Sünden gestorben« (1 Kor 15,3); »in ihm haben wir die Erlösung durch sein Blut, die Vergebung der Sünden, dank dem Reichtum der Gnade Gottes« (Eph 1,7).

Wenn man den Versöhnungsdienst Jesu richtig versteht, dann läßt sich nicht mehr – wie es oft geschah – Sünde einseitig als »Beleidigung Gottes«, »Übertretung« eines Gebotes oder einer Gesetzesvorschrift auffassen. Das versöhnende Handeln Jesu setzt neue Maßstäbe für das Verstehen menschlicher Schuld. Er macht bewußt, daß das Verhältnis zu Gott deshalb nicht stimmt, weil das Verhältnis zu den Mitmenschen nicht stimmt, und nicht deshalb, weil ein göttliches Gebot verletzt wurde. Man kann mit Gott nicht Frieden haben, wenn man mit dem Nächsten im Streit liegt. Es gibt keine Versöhnung unter Ausschluß der Öffentlichkeit. Versöhnung mit Gott setzt Versöhnung mit den Mitmenschen voraus: »Wenn du nun deine Gabe darbringst zu dem Altar und dich dort erinnerst, daß dein Bruder etwas gegen dich hat, so laß deine Gabe dort vor dem Altar und geh vorher hin, versöhne dich mit deinem Bruder; und dann komm und bring deine Gabe dar!« (Mt 5,22–24)

Jesus setzte sich freilich nicht einfach über das moralische Verständnis menschlicher Schuld als Übertretung göttlicher Lebensordnung hinweg. Er radikalisiert die Forderung des Gesetzes sogar, so sehr, daß es sich faktisch als unmöglich herausstellt, den Buchstaben der Tora zu erfüllen. Zumal die Bergpredigt des Matthäusevangeliums mit ihren Antithesen Stück um Stück jeden Ansatz einer Gesetzesmoral zerschlägt. Das war schockierend, weil ja gerade die von Jesus am meisten kritisierte Gesetzesauffassung der Pharisäer die Härte der religiösen Gesetzesvorschriften zu mildern versuchte, indem sie den Buchstaben zugunsten des Menschen umdeutete. Für Jesus aber ist Sünde mehr als eine äußere Übertretung des Gesetzesbuchstabens. Sie vollzieht sich im Herzen des Menschen. Denn: Nicht erst die Tötung eines Menschen ist Mord, sondern, schon wer seiner Schwester, seinem Bruder zürnt, soll dem Gericht verfallen sein (Mt 5,21). Nicht erst, wer tatsächlich einen Ehebruch begeht, ist ein Ehebrecher, sondern schon, wer innerlich mit dem Gedanken spielt, eine andere Frau, einen anderen Mann heimlich begehrt (**Sexualität**). Die Wurzeln der bösen Tat liegen im Inneren des Menschen. Darum ist schon die Bereitschaft zum bösen Tun böse (vgl. Mt 5,22–48).

→S. 99

Solche Zuspitzung macht jeden Moralismus unmöglich. Man mag die Gebote und das Gesetz noch so genau halten, sie ändern nicht das Herz des Menschen, denn – so interpretiert Paulus – »durch das Gesetz kommt nur Erkenntnis der Sünde« (Röm 3,20). Im kommenden Gottesreich geht es nicht mehr um Gesetzestreue, sondern darum, daß der Mensch im vollen Bewußtsein, niemals vor Gott bestehen zu können, sich mit leeren Händen, aber bedingungslosem Vertrauen Gottes Barmherzigkeit anheimstellt. Jesu Handeln und Sein mit den Sündern ist ein einziges Plädoyer dafür: Gottes Wille ist die Versöhnung des Sünders, die Rettung des »Gottlosen« (vgl. Röm 4,3–5; 5,6) und nicht seine Vernichtung. Die Suche nach dem Verlorenen, die Freude über die Rückkehr eines Sünders, das unverhoffte, unverdiente Geschenk menschlicher und göttlicher Zuneigung sind Gegenstand vieler Gleichnisse. Wenn aber Gottes Erbarmen so grenzenlos ist, daß er den Tod im Herzen überwindet, indem er ein neues Herz und einen neuen Menschen schafft, dann kann auch dieser neue Mensch nicht anders, als seinerseits Barmherzigkeit und Vergebung zu seinem Lebensinhalt zu machen.

Für das theologische Verständnis Jesu durch die spätere Gemeinde wurde sein praktischer Umgang mit dem Bösen entscheidend. Indem er nämlich diejenigen, die als böse galten, wie selbstverständlich annahm, das Gute ebenso selbstverständlich tat, das Böse im Namen Gottes einfach vergab, zeigte er sich im erklärten Gehorsam gegen Gottes Herrschaft faktisch als Herr über die Sünde. »Jesus bricht ... endgültig den Bann des Bösen, da mit ihm Gottes Reich, die Befreiung zur Freiheit tatsächlich beginnt« (Hermann Häring). So wird im Glauben an Jesus und in seiner Nachfolge das Böse und seine Todesmacht »überwindbar«, so sehr das Handeln und die Geschichte der Christen bis heute stets auch fragwürdig bleibt.

Eine größere Provokation konnte sich ein gläubiger Jude kaum vorstellen, als daß ein Mensch das tut, was allein Gottes ist: Sünden vergeben. Denn allein Gott konnte nach jüdischem Glauben die Verletzung seines eigenen Gebots vergeben. Wenn Jesus also so handelte, dann war er entweder wirklich der Gesandte Gottes oder ein Gotteslästerer. Wer war dieser Mensch: Der neue Mose oder ein ketzerischer Irrlehrer? Der wiedergekommene Elija oder ein Lügenprophet? War er der Gesalbte Gottes, der verborgene König Israels? Das Neue Testament kennt zahlreiche Titel, mit denen die Urchristen die Rolle Jesu zu deuten versuchten: Menschensohn, Sohn Davids, Messias, Christus, Knecht Gottes, Kyrios (Herr), Logos (Wort Gottes), Gottessohn, Prophet, Guter Hirt, Lamm Gottes, Hoher Priester, zweiter Adam, Erlöser, Heiland. Hinter jedem dieser Beinamen steht eine bestimmte Deutung und Theologie seines Lebens und Geschicks.

Tatsächlich hat Jesus – darüber sind sich die Exegeten weithin einig – keinen der damals üblichen messianischen Titel für sich in Anspruch genommen. Am ehesten noch könnte er von sich selbst in der dritten Person als »Menschensohn« gesprochen haben. Im Neuen Testament begegnet der Menschensohntitel vor allem in den Evangelien häufig. Die Bedeutung ist allerdings schillernd. Ob Jesus damit seinen Zuhörern einfach sagen wollte: »Ich, ein Mensch unter Menschen, rede zu euch im Namen Gottes«, oder ob er sich auf ein geheimnisvolles Traumgesicht des Propheten Daniel beziehen wollte, bleibt ungewiß. Zweifellos hat aber der urchristliche Glaube Daniels Menschensohnwort auf Jesus Christus bezogen:

> »Ich schaute in Gesichten der Nacht: und siehe, mit den Wolken des Himmels kam einer wie der Sohn eines Menschen. Und er kam zu dem Alten an Tagen, und man brachte ihn vor ihn.
>
> Und ihm wurde Herrschaft und Ehre und Königtum gegeben, und alle Völker, Nationen und Sprachen dienten ihm. Seine Herrschaft ist eine ewige Herrschaft, die nicht vergeht, und sein Königtum [so], daß es nicht zerstört wird.« (Dan 7,13–14)

Für das Matthäusevangelium ist Jesus mit dem Menschensohn des Daniel-Buches identisch. Jesus ist der Fürsprecher und Ankläger beim Vater im Himmel. Daß Jesus selbst sich mit dieser endzeitlichen Heilsgestalt gleichgesetzt hat, ist kaum anzunehmen. Zweifellos aber lebte er im Bewußtsein, daß die Gemeinschaft, die er mit den Seinen lebte, ihre Erfüllung im kommenden Gottesreich finden werde. Dort findet sie ihre Bestätigung durch den Menschensohn.

Der Vorteil des Titels Menschensohn besteht gerade in seiner Unbestimmtheit. Ihm gegenüber war der Messias- oder Christustitel durch nationalistische, religiös intolerante, kriegerische Töne belastet. Zwar spricht die Bibel wie das Judentum auch vom »Gesalbten des Herrn«, aber diese Gestalt gehört keineswegs zu den Endzeithoffnungen Israels. Die wenigen Spuren sind uneinheitlich, und eine Entwicklungslinie läßt sich kaum erkennen. Ein annähernd geschlossenes Bild zeigt sich erst im 1. vorchristlichen Jahrhundert in den Psalmen Salomos, die freilich nicht zum Alten Testament gehören:

> »Laß ihnen ihren König wiedererstehen, den Davidssohn, zur Zeit, die du bestimmst, Gott, daß Israel, dein Knecht, ihm diene. Umgürte ihn mit Kraft, daß er des Feindes Herrscher niederschmettere. Mach rein Jerusalem von Heiden, die es kläglich niedertreten ...« (PsSal 17,23 ff.)

Das Faszinierende, aber auch höchst Beunruhigende an Jesus war: Dieser Mensch lebte, was er lehrte, und er lehrte, was er lebte. Dies alles war so ungewöhnlich, daß – wie Markus berichtet – selbst Jesu eigene Familie ihn für verrückt hielt: »Als seine Angehörigen davon hörten, machten sie sich auf den Weg, um ihn mit Gewalt zurückzuholen; denn sie sagten: Er ist von Sinnen.« (Mk 3,21) Sie machten sich zu Recht Sorgen, denn für die religiösen Autoritäten war er bereits zu einer beispiellosen Herausforderung geworden, für die politische Führung ein unkalkulierbares Risiko. Wie soooft waren sich die religiösen und politischen Instanzen bald einig, daß Jesus aus dem Verkehr gezogen werden »mußte«, bevor er ernsthaften Schaden anrichten konnte. Man beschloß also seinen Tod, kaum hatte er seine öffentliche Wirksamkeit begonnen (Mk 14,1; Jo 5,18; 15,53 u. ö.). Vor dem **Osterfest** des Jahres 28 oder 29 wurde er gefangengenommen, → S. 96 vor Gericht gestellt, ohne stichhaltige Beweise zum Tode verurteilt, am selben Tag gegeißelt und als Aufrührer durch Kreuzigung hingerichtet.

Das Abendmahl

Als sich der Ring der Intrigen um Jesus immer enger schloß, hielt er mit seinem engsten Jüngerkreis ein letztes gemeinsames Abendmahl, wie er es oft getan hatte. Immer wieder begegnet uns Jesus in den Evangelien bei abendlichen Gastmählern. Viele seiner einprägsamen Gleichnisse erzählte er bei solchen Gelegenheiten der Tischrunde. Ja, für ihn gibt es keinen passenderen Vergleich für die Herrschaft des ankommenden Gottes, als das Bild eines himmlischen Gastmahls. Dieser Vergleich gründet tief und unmittelbar in der Freiheitsgeschichte Israels. Israels Weg in die Freiheit begann mit einem letzten Abendmahl in Ägypten, dem *Pessach*- oder *Paschamahl*, stehend und in größter Hast eingenommen vor dem nächtlichen Aufbruch. Ob Jesu letztes Abendmahl eine solche Pessachfeier war, wie sie das Judentum in Erinnerung seines Exodus aus Ägypten bis heute am Vorsabbatabend vor dem Osterfest feiert, läßt sich nach dem biblischen Befund nicht entscheiden. Eindeutig ist nur die Tendenz der Evangelien, entweder Jesus als Stifter eines neuen endzeitlichen Pessach erscheinen zu lassen (Markus und Matthäus) oder ihn selbst als das neue Passalamm zu interpretieren (Lukas [?] und Johannes), um in ihm die Vollendung und das Ende jedes Opferkultes anzusagen (Hebräerbrief).

Für das jüdische und das christliche Selbstverständnis ist entscheidend, daß schon die urchristlichen Gemeinden Jesus und sein Mahl im Zusammenhang von Pessach und Exodus und damit im Kontext der Befreiung gesehen haben. Dies bedeutet: Das Abendmahlsgedächtnis muß von der Exodustradition her verstanden werden, und Jesus selbst ist Auslegung der Exodustradition. Hier liegt der Schlüssel zur Lösung sowohl jüdischer als auch christlicher Mißverständnisse von Leben, Werk und Messianität des Jesus von Nazareth und des durch ihn gegebenen Gottesverständnisses.

Befreiendes Gedenken – Passamahl – Abendmahl: Wovon ist die Rede? Wenn wir uns die wichtigsten Vergleichspunkte der Kontinuität und Diskontinuität zwischen den beiden Mahlfeiern vergegenwärtigen, wird deutlicher, worin der befreiende Charakter des christlichen Gedenkens besteht. Das Pessach war die letzte Mahlzeit beim Aufbruch aus der Gefangenschaft Ägyptens. Jesu Abendmahl war für ihn das letzte vor dem Anbruch der Gottesherrschaft (vgl. Mk 14,25; Lk 22,15–18). Die ersten Gemeinden feierten es in der Naherwartung der Wiederkunft ihres Christus, der die Erscheinung Gottes unmittelbar folgen würde. Aber das Kommen der Gottesherrschaft verzögerte sich. Wie war also das Wort von der Wiederkunft zu interpretieren? Die Krise der Naherwartung führte zu einem vertieften Verständnis der Gegenwart Christi beim Brotbrechen im Namen Jesu. Bei der Feier des Herrenmahls ist der von Gott Auferweckte in der Gemeinde schon gegenwärtig, doch bis zum letzten Tag noch im Verborgenen. In der Spannung zwischen den Polen des Schon-jetzt und Noch-nicht entfaltet sich nach der Apostelgeschichte des Evangelisten Lukas die Zeit der Kirche. Die Grundsituation der Kirche – wenn diese sich denn richtig versteht – bedeutet mit anderen Worten eine permanente Exodussituation. Jede Eucharistiefeier (**Wort und Sakrament**) ist zu jeder Zeit das letzte Abendmahl vor → S. 93 dem Aufbruch in die neue Zeit Gottes, das endzeitliche gelobte Land der Gottesherrschaft.

Wie aber nimmt man am befreienden Ereignis des Auszugs teil? Beim jüdischen Pessach fragt der Jüngste der Tischgemeinschaft nach altem Brauch nach dem Sinn der Feier, und der Hausvater antwortet:

> »*Wir* waren einst Sklaven des Pharao in Ägypten, da führte *uns* von dort heraus der Herr, unser Gott, mit starker Hand und ausgestrecktem Arm. Und hätte der Heilige – gelobt sei er – nicht herausgeführt unsere Väter aus Ägypten, so wären wir alle Sklaven des Pharao geblieben. Darum – und wären wir auch alle Weise, alle Verständige, alle Alte, alle Kenner der Tora – so ist es dennoch unsere Pflicht vom Auszug aus Ägypten zu erzählen ...«

Dann folgt die Erzählung der Passageschichte (Passah Haggada). Sie endet mit der Erinnerung an den Wiederholungsauftrag:

> »In jedem Geschlecht ist der Mensch verpflichtet, sich zu betrachten als einer, der *selbst mit aus Ägypten ausgezogen ist.* Denn es steht geschrieben: Kundtun sollst du es deinem Sohn an jenem Tag mit den Worten: ›Um dessetwillen, was der Herr mir getan bei meinem Ausziehen aus Ägypten‹ (Dt 6,23). Denn nicht unsere Väter allein hat der Heilige – gelobt sei er – erlöst; nein – auch *uns* hat er erlöst *mit ihnen.* Denn es steht geschrieben: ›Und herausgeführt hat er *uns* von dort, um *uns* in das Land zu bringen, das *uns* zu geben er unseren Vätern zugeschworen hat‹ (Dt 6,23).
>
> Daher ist es auch unsere Pflicht, ihm zu danken, ihn zu loben, zu preisen, zu verherrlichen, zu erheben, zu rühmen, zu benedeien und zu lobsingen, ihm, der an unseren Vätern und an *uns* all diese Wunder getan, der *uns* hinausgeführt *aus der Knechtschaft in die Freiheit, aus dem Kummer in die Freude, aus der Trauer zum Festtag, aus dem Dunkel in großes Licht, aus der Knechtung zur Erlösung.*«

Wenn Christen heute nach 2000 Jahren noch immer im Auftrag ihres Messias Jesus das Gedächtnis seines letzten Abendmahles feiern, haben sie sich selbst als solche zu betrachten, die in die neue Freiheit des verheißenen Gottesreiches geführt werden sollen. Die christliche Feier des Herrenmahles ist deshalb so wenig wie das jüdische Pessach eine Wiederholung des einst Geschehenen, sondern Teilhabe am Urereignis der Befreiung. Das Geschehene ist gegenwärtiges Heilsgeschehen, und im Sinne eines solchen Mächtigbleibens der Befreiungstat Gottes sprechen Christen sachgemäß von der Auferweckung des Gekreuzigten. So wie Gottes Befreiungstat an Israel bei der Herausführung aus der Knechtschaft Ägyptens gegenwartsmächtig bleibt, erweist sich die Befreiungstat Gottes in und durch Jesus von Nazareth zuerst an Israel und dann an allen Menschen guten Willens als gegenwartsmächtige Herausführung aus der Knechtschaft von Hoffnungslosigkeit, Schuld und Zukunftslosigkeit.

Aber: Was bedeutet solches Gedenken und Erinnern eigentlich? Wer gedenkt hier wessen? Wer erinnert sich hier an wen? Überraschend stoßen wir in der lukanischen Passionsgeschichte auf eine Textstelle, die traditionell kaum jemals mit dem Herrenmahl in Verbindung gebracht wird: Das von Lukas überlieferte sogenannte Schächerwort (Lk 23,41f.), das einer der mit ihm gekreuzigten Verbrecher an Jesus richtet. Es wird gleichsam zum Signal, in dessen Licht das ›eucharistische Gedächtnis‹ der Christen eine dramatische Zuspitzung erfährt.

»Gedenke mein, wenn Du in Dein Reich kommst ...«: Die Worte stehen am Schluß der Szene, die Lukas in seiner Leidensgeschichte unmittelbar dem Tod Jesu am Kreuz vorangehen läßt. Was hier erzählt wird, gehört mithin zum Zentrum des heilsgeschichtlichen Geschehens. Zwei Verurteilte werden gleichzeitig mit Jesus gekreuzigt. Der eine, verbittert und noch angesichts des Todes unbelehrbar, verhöhnt Jesus wegen der Ohnmacht seines Messiastums, der andere aber begreift die Torheit des Kreuzes und weist seinen Leidensgenossen zurecht:

»Uns geschieht recht, wir erhalten den Lohn für unsere Taten; dieser aber hat nichts Unrechtes getan. Dann sagte er: ›Jesus, gedenke meiner, wenn du in dein Reich kommst.‹ Jesus antwortete ihm: Amen, ich sage dir: Heute noch wirst du mit mir im Paradies sein.« (Lk 23,41f.)

Vergegenwärtigen wir uns die entscheidenden Aussagen, die dramatisch auf den Dialog der beiden Verbrecher und die abschließenden Worte Jesu hinführen (die zugleich seine letzten an die Menschen gerichteten Worte vor dem Tode sind!). Die erste Aussage lautet: »Vater, vergib ihnen, denn sie wissen nicht, was sie tun« (V. 34). Die zweite Aussage ist das Zeugnis des Gesetzesbrechers zur Rechten, daß mit Jesus ein »Gerechter« leide (»dieser hat nichts Unrechtes getan«) (V. 41). Die dritte Aussage handelt von der Bitte um Jesu »Gedenken«, wenn er in »sein« Reich komme und von der Zusage der Gegenwärtigkeit des Heiles (»heute noch wirst du mit mir im Paradiese sein«) (V. 43).

Lukas faßt in diesem kurzen Abschnitt die zentralen Motive seiner gesamten Theologie zusammen:

- das Motiv der *Vergebung*, des *leidenden ›Gerechten‹*, der in seinem Leiden endgültig solidarisch wird mit den Armen und Sündern, derer er vor Gott gedenkt;
- das Motiv der *Gottesherrschaft* (nichts anderes bedeutet ja der Ausdruck »dein Reich«; das Reich Jesu ist ›sein‹ Reich, insofern er nichts anderes sucht als Gottes Herrschaft und sich mit ihr ganz und gar identifiziert); zuletzt
- das Motiv der *Gegenwärtigkeit*, das »Schon-heute« der Gnadenzusage Gottes.

Allein auf Grund seines Vertrauens in den Gott Jesu erhält der reuige Verbrecher die Verheißungszusage: »Heute noch wirst du mit mir im Paradiese sein« (V. 43). Und – dies ist es, was Lukas seinen Lesern einsichtig machen will – Gott gedenkt des Ungerechten um Jesu willen. Die Messianität Jesu beruht nach Lukas also darin, daß Gott des Armen und Sünders um Jesu willen eingedenk ist. Diesem Jesus gilt das Gedenken, das Christen in der Feier der Eucharistie, des Abendmahles lebendig halten. Unser Gedenken und Erinnern ist Ausdruck unseres dankbaren Gedenkens, der *eucharistía* in doppelter Hinsicht: als Dank, daß dieser Jesus seinen Tod nicht wider uns, sondern für uns starb und als Dank, daß Gott unser eingedenk ist wegen Jesus.

Für Jesus hat das Miteinander-Mahl-Halten offenkundig eine besondere heilsgeschichtliche Bedeutung. Nicht isoliert das »letzte Abendmahl«, sondern die Mahlgemeinschaft mit den Seinen schlechthin, an der ihm so viel lag, feiert in freudiger und gespannter Erwartung die kommende Gottesherrschaft. Die späteren Jesus-Gemeinden knüpften an die allgemeine Mahltradition Jesu an. Dieses Brotbrechen war in den ersten Gemeinden durch und durch bestimmt von der Erwartung der Wiederkunft Christi. In diesen Herrenmahlfeiern wurde Jesus, der Gekreuzigte, als Gegenwärtiger und Lebendiger erfahren, erinnert, gefeiert. In der Erinnerung an seine Mahlfeiern aber erhielt die Erinnerung an sein letztes Abendmahl eine ganz besondere Bedeutung: Es wurde zum Schlüssel, der Jesu Leben und Botschaft im Lichte der Tora und der Propheten erschließt. Wir stehen an den Ursprüngen der christlichen Feier – des Herrenmahles.

Welche Worte Jesus selbst bei seinem letzten Mahl vor seinem Tode gesprochen hat, läßt sich aus dem Neuen Testament nicht genau rekonstruieren. Die Abendmahlserzählungen bei Markus, Matthäus und Lukas, wie auch der Bericht des Apostels Paulus im ersten Korintherbrief weichen in wichtigen sprachlichen Details voneinander ab. Die in der Theologiegeschichte immer wieder heftig debattierten »Einsetzungsworte« hat Jesus in dieser Form wohl nie selbst gesprochen, sie sind in ihrer neutestamentlichen Überlieferungsgestalt bereits Interpretationen des ursprünglichen Ereignisses, in denen die Gemeinden ihr Verständnis des Abendmahles Jesus selbst in den Mund legten. Unzweifelhaft ist: Jesus verband mit seinem letzten Abendmahl prophetische »Zeichenhandlungen«, die das, was ihm zutiefst am Herzen lag, noch einmal begreiflich zu machen versuchten.

Es ist bis heute im religiösen Judentum Tradition: Zum Beginn des Essens nimmt der Vorsitzende Brot in seine Hand, spricht das Dankgebet darüber, daß es als Gabe Gottes der Tischgemeinschaft zum Segen werde. Dann bricht er das Brot und eröffnet damit das Essen. Jeder der Tischgenossen aber ißt sein eigenes Brot. Wenn Wein getrunken wird, spricht er das Dank- und Segensgebet darüber, jeder nimmt seinen eigenen Becher zur Hand und trinkt daraus. Jesus aber bricht, zweifellos zur großen Verwirrung der Anwesenden, auch mit dieser Tradition: Er bricht sein Brot, das Lebensnotwendige, sein Leben in kleine Stücke und verteilt gegen die Sitte sein Brot unter die Jünger. Desgleichen reicht er seinen eigenen Becher herum, alle trinken aus ihm. Er wird zum Zeichen der Gemeinschaft. In der aufgeregten Erwartung der bevorstehenden Ankunft der Herrschaft Gottes wird der Gemeinschaftsbecher zum Symbol des neuen, endzeitlichen Bundes Gottes mit allen Menschen, der besiegelt wird durch die Treue Christi bis zum Tod am Kreuz.

Ist dieser Christus, wenn wir Eucharistie feiern, wahrhaftig gegenwärtig, als der, der er war, ein Christus der Armen und Kompromittierten, dann kann das rechte Gedenken und Erinnern Jesu Christi stets nur Ergebnis immerwährender Umkehr und Selbstbesinnung sein. In diesem Kontext wurde die Eucharistie ursprünglich begangen, weniger aus einem kultischen Bedürfnis heraus, als vielmehr im Bewußtsein der Urerfahrung von Befreiung. Befreiung bedeutete für die urchristlichen Gemeinden vor allem Befreiung aus dem Ägypten des Schuldverhängnisses, welches auf dem Verhältnis der Menschen untereinander und auf dem Verhältnis zu Gott lastet. Es geht um Vergebung von Schuld und Verschulden. Jesus als Person ist der Schlüssel zum Verständnis von Pessach und Exodus im Lichte der Botschaft von der anbrechenden Gottesherrschaft. Der Kreuzestod Jesu erscheint im Lichte seines letzten Mahles weniger als Sühnopfer denn als Zukunft eröffnendes Bundeszeichen, das den Alten Bund als Versöhnungsbund zwischen Gott und allen Menschen neu besiegelt. Herrenmahl feiern bedeutet, sich im Gedenken dieses Geschehens selbst unter den Jüngern zu wissen, die am Vorabend des Kommens Gottes mit Christus zu Tische sitzen. Die Herrenmahl-Feier ist also keine passive Erinnerung an etwas einst Geschehenes, sondern aktives Sich-Erinnern und Eingedenk-Sein Jesus als Erinnerung der Geschichte eines Lebenden.

JESUS: DIE GESCHICHTE EINES LEBENDEN

Jesu Tod war ein Schock nicht nur für seinen engsten Jüngerkreis. Er schien das Ende für seine Bewegung. Warum und wie hätte Gott seinen Gesandten (Messias), seinen Propheten, sein Wort im Stich lassen können, wenn er denn wirklich der Gesandte, der Prophet, das Wort Gottes gewesen sein sollte? So wie es jetzt um die Sache Jesu stand, mußte Gott ihn verlassen und Lügen gestraft haben. »Verflucht ist, wer am Holze hängt,« so sagte es ein altes biblisches Sprichwort« (Gal 3,13; Dt 21,22–23). Einer von den Zwölfen, die er am Anfang seines Weges berufen hatte, daß sie bei der großen Völkerwallfahrt am Ende der Zeiten die Stämme Israels zum Berg der Gegenwart Gottes, zum Zion, führen sollten, hatte ihn ausgeliefert. Petrus, der feststehen sollte, wie ein Fels, verriet ihn als erster. Aus der Traum vom Reich unter Gottes Königsherrschaft, aus der Traum, auf den Zwölf Thronen der wiedererstandenen Stämme Israels zu sitzen. Mit einem Schrei der Gottverlassenheit war Jesus gestorben: »Mein Gott, mein Gott, warum hast du mich verlassen?« (Mt 27,46; Mk 15,34).

Für die Jünger Jesu schien in diesem Augenblick tatsächlich alles aus zu sein. Schnell, viel zu schnell gehen Christen seither oft zur Tagesordnung der Auferstehung über. Der Skandal des Schandtodes am Kreuz verliert im triumphalen Licht der Auferweckung Jesu von den Toten seine Schrecken. Alles nicht so schlimm! Das Kreuz als Siegeszeichen – Ostern – Pfingsten – aufgefahren in den Himmel – sitzend zur Rechten Gottes – Wiederkunft in Herrlichkeit. Aber so war es nicht! Das alles ist aus der Gewißheit des späteren Auferweckungsglaubens gedacht. Erst mit dieser Erfahrung im Hintergrund war es überhaupt möglich, den Todesschrei des Gekreuzigten als ein letztes Gebet des Sterbenden für die Seinen zu interpretieren. Schon die Evangelien schwächen die Provokation des einsamen Todes ab. Markus und Matthäus legen Jesus zwar dieses erschütternde »Mein Gott, mein Gott, warum hast du mich verlassen?« in den Mund. Aber die damaligen Leser wußten natürlich, daß Jesus den 22. Psalm betete, der in einen Jubelruf zuversichtlicher Hoffnung mündet:

»Es werden essen die Gebeugten
und gesättigt werden,
Jahwe werden preisen,
die ihn suchen.
Aufleben soll euer Herz für immer!
Alle Enden der Erde
werden dessen gedenken
und sich zu Jahwe hinkehren.
Vor ihm werden niederfallen
alle Geschlechter der Nationen.
Denn Jahwe [gehört] das Königtum,
er herrscht über die Nationen.
Vor ihm werden niederfallen
alle, die in der Erde schlafen,
vor ihm ihre Knie beugen alle,
die in den Staub hinabfuhren.
Doch meine Seele – ihm lebt sie!
Meine Kinder werden ihm dienen,
werden erzählen von Jahwe
dem kommenden Geschlecht,
und künden werden sie
seine Gerechtigkeit
noch ungeborenem Volk;
denn Jahwe hat es getan.« (Ps 22,27–32)

Für die Jünger von damals aber war mit dem Tode Jesus zunächst wirklich alles aus und vorbei. Sie gingen nach Hause und versteckten sich.

Die Erfahrung des Lebenden

Wie es dazu kam, daß die verängstigte Schar plötzlich zur Überzeugung gelangte, daß die Sache Jesu auf überraschende Weise nicht zu Ende war, daß er selbst nicht im Tode geblieben, sondern zu Gott »erhöht« worden war, entzieht sich der Anschauung der Geschichte. Noch für Paulus geht es einzig um die Tatsache, daß Jesus auferweckt wurde. Erst die späteren Evangelien illustrieren mit legendenhaften Erzählungen, wie es zu dieser Glaubensüberzeugung kam. Vielleicht kommt die Auferweckungserzählung von den Emmausjüngern dem Geschehen am nächsten:

»Und siehe, zwei von ihnen gingen [am ersten Tag der Woche nach dem Tod Jesu] in ein Dorf, das war von Jerusalem etwa zwei Wegstunden entfernt; dessen Name ist Emmaus. Und sie redeten miteinander von allen diesen Geschichten. Und es geschah, als sie so redeten und sich miteinander besprachen, da nahte sich Jesus selbst und ging mit ihnen. Aber ihre Augen wurden gehalten, daß sie ihn nicht erkannten.

Er sprach aber zu ihnen: ›Was sind das für Dinge, die ihr miteinander verhandelt unterwegs?‹ Da blieben sie traurig stehen. Und der eine, mit Namen Kleopas, antwortete und sprach zu ihm: ›Bist du der einzige unter den Fremden in Jerusalem, der nicht weiß, was in diesen Tagen dort geschehen ist?‹ Und er sprach zu ihnen: ›Was denn?‹ Sie aber sprachen zu ihm: ›Das mit Jesus von Nazareth, der ein Prophet war, mächtig in Taten und Worten vor Gott und allem Volk; wie ihn unsre Hohenpriester und Oberen zur Todesstrafe überantwortet und gekreuzigt haben. Wir aber hofften, er sei es, der Israel erlösen werde. Und über das alles ist heute der dritte Tag, daß dies geschehen ist. Auch haben uns einige Frauen aus unserm Kreis erschreckt, die sind früh bei dem Grab gewesen, haben seinen Leib nicht gefunden, kommen und sagen, sie haben eine Erscheinung von Engeln gesehen, die sagen, er lebe. Und einige von uns gingen hin zum Grab und fanden es so, wie die Frauen sagten; aber ihn sahen sie nicht.‹

Und er sprach zu ihnen: ›Oh ihr Toren, zu trägen Herzens, all dem zu glauben, was die Propheten geredet haben! Mußte nicht Christus dies erleiden und in seine Herrlichkeit eingehen?‹ Und er fing an bei Mose und allen Propheten und legte ihnen aus, was in der ganzen Schrift von ihm gesagt war.

Und sie kamen nahe an das Dorf, wo sie hingingen. Und er stellte sich, als wollte er weitergehen. Und sie nötigten ihn und sprachen: ›Bleibe bei uns; denn es will Abend werden, und der Tag hat sich geneigt.‹ Und er ging hinein, bei ihnen zu bleiben. Und es geschah, als er mit ihnen zu Tisch saß, nahm er das Brot, dankte, brach es und gab es ihnen. Da gingen ihnen die Augen auf, und *sie erkannten IHN.* Und er verschwand vor ihnen.

Und sie sprachen untereinander: ›Brannte nicht unser Herz in uns, als er mit uns redete auf dem Wege und uns die Schrift öffnete?‹ Und sie standen auf zu derselben Stunde, kehrten zurück nach Jerusalem und fanden die Elf versammelt und die bei ihnen waren; die sprachen: ›Der Herr ist wahrhaftig auferstanden und Simon erschienen.‹ Und sie erzählten ihnen, was auf dem Wege geschehen war und wie er von ihnen erkannt wurde, *als er das Brot brach.* Als sie aber davon redeten, trat er selbst, Jesus, mitten unter sie und sprach zu ihnen: ›Friede sei mit euch!‹ Da gerieten sie in Bestürzung und Furcht und meinten, einen Geist zu sehen.« (Lk 24,13–37)

Es ist das Erstaunliche an Lukas' Auferweckungsgeschichte, daß sie ganz ohne sensationelle und wundersame Elemente auskommt. Uns wird auf nüchterne und einfühlsame Weise erzählt, wie zwei Menschen zu einem neuen Verständnis Jesu gelangen, ihn daraufhin als

Lebenden erfahren – und in diesem Glauben den Mut aufbringen, nach Jerusalem zurückzukehren, um von ihrer neuen Hoffnung Zeugnis zu geben. Was der historische Kern der Erzählung ist, läßt sich nicht feststellen. Doch hat Lukas das ursprüngliche Ereignis kunstvoll eingebettet in den Erzählkreis der Auferweckungsgeschichten, so, daß er diese gleichzeitig in einen bestimmten Sinnzusammenhang stellt. Die Emmauserzählung vermittelt eine Ahnung davon, wie es in den ersten Gemeinden zum Glauben an Jesus als einen Lebenden kommen konnte.

Die beiden Wanderer nach Emmaus lassen uns ahnen, in welchem Zustand die Anhänger Jesu nach seinem Tod waren. Verängstigt, entmutigt und enttäuscht verlassen sie Jerusalem: »Da nahte sich« - wie es heißt – »Jesus selbst«, aber sie erkannten ihn nicht. Es geht hier nicht um eine Verwechslungsgeschichte, wie sie als Motiv aus der Literatur wohl bekannt ist. Dieses Nicht-Erkennen hat einen theologischen Sinn. Die Emmausjünger können Jesus deshalb nicht erkennen, weil sie immer noch ein bestimmtes Bild von ihm im Kopf haben. In ihre Vorstellung vom Propheten, den sie in Jesus sahen, paßt das Bild des Gekreuzigten nicht. Er hat Israel nicht von der römischen Gewaltherrschaft erlöst. Vielmehr ist er selber zum Unterdrückten, Mundtoten gemacht worden. Wenn er die Herrschaft Gottes angekündigt hatte, war dann nicht seine Verheißung so tot, wie er selbst? Damit ist auch ausgemacht, dass man ihn niemals mehr fragen können wird: Was hast du denn gemeint?

Und was tut der unbekannte Begleiter? Er legt den Jüngern die Schrift neu aus. Damit deutet Lukas den mühsamen theologischen Weg der ersten christlichen Gemeinden an, der sie vom gekreuzigten Jesus zum Christus des Glaubens führte. Es ist der Weg, den wir überall im Neuen Testament wiederfinden. Jesus und seine Botschaft und vor allem sein Lebensschicksal werden nicht mehr von einem bestimmten, im damaligen Judentum lehrhaft gültigen Bibel- und Glaubensverständnis her beurteilt. Jesus selbst und seine gute Nachricht vom nahen Gottesreich werden zum Schlüssel, mit dessen Hilfe die ganze Bibel neu erschlossen und verstanden wird. Jesus selbst – so lesen wir im Lukasevangelium – legt die Schrift aus, angefangen bei Mose und den Propheten. Jesus selbst *ist* die Auslegung der Heiligen Schriften. Aber selbst die Worte Jesu reichen nicht aus, um die Jünger vollends zu überzeugen. Zwar brennt ihr Herz, wie sie einander später zugeben. Aber erst als *ER* mit ihnen zu Tische sitzt, das Brot nimmt, das Dankgebet spricht, es bricht und ihnen mit dem unvergeßlichen Gestus des letzten Abendmahles *gibt*, »erkennen sie *IHN*«. Aber im Augenblick, da ihnen die Augen aufgehen, ist er ihnen auch schon wieder verborgen. Er läßt sich nicht festhalten, nicht vereinnahmen.

Was Lukas damit sagen will, ist von großem theologischen Gewicht: Der Ort, an dem Jesus am unmittelbarsten und zu allererst als der Lebende erfahren wird, wo er und sein Werk als gültig und von Gott bestätigt erkannt werden, sich mächtiger selbst als Tod und Verderben erweisen, ist die Erinnerung an das Abendmahl. Die Erinnerung an das letzte Abendmahl und den Sinn, der ihm von Jesus gegeben wurde, ist der Grund, der tiefste Anstoß des Glaubens an die Auferweckung Jesu Christi. Wo Eucharistie gehalten wird, wird Jesus als geistesgegenwärtig, lebendig Handelnder erfahren.

Die Geschichten über das leere Grab haben nach Lukas dagegen eine nebengeordnete Bedeutung. Denn erst, wenn man verstanden hat, was im letzten Abendmahl, jenem letzten Mahl vor dem Aufbruch in das gelobte Land der Gottesherrschaft, geschah, hat man Jesus wirklich verstanden – und erst wenn man ihn *so* verstanden hat, erkennt man mit gläubigem Herzen: Er ist wahrhaft *da*, er ist das lebendige Wort Gottes, der Geist, den Gottes Wort atmet, der Atem Gottes. Er ist Offenbarung, die Heiligung des Namens Gottes: Jahwe – ich werde da sein, ich werde mit dir sein, ich bin mit euch!

Die »Auferweckung« ist aber auch der Grund des christlichen Glaubens an Jesus und seinen Gott. Wurde Jesus nicht auferweckt, schreibt Paulus an die Gemeinden in Korinth, »dann ist euer Glaube nichtig« (1 Kor 15,17). Dies zwingt darüber nachzudenken, was Auferweckung im Blick auf den Menschen Jesus von Nazareth bedeutet. Auferweckung bedeutet nach christlichem Verständnis jedenfalls nicht Rückkehr in dieses raumzeitliche Leben, kein Weiterleben nach dem Tode, nicht das Überleben einer unsterblichen Seele. Mit dem Tod ist wirklich alles aus. Auferweckung bedeutet Erschaffung zu einem neuen geistdurchwirkten Leben. Freilich so, daß das, was ein Mensch war und ist, nicht vernichtet und nichtig ist im Angesichte Gottes. Freilich behauptet weder Paulus, noch hat die christliche Theologie jemals behauptet, zu *wissen*, worin dieses neue Leben in Gott besteht. Nur in Bildern und Symbolen läßt sich davon sprechen.

Neues Leben aus einer neuen Schöpfung

Der Glaube an die Auferweckung vom Tode ist die letzte Konsequenz des Schöpfungsglaubens Israels. Gott, der eine ganze Welt erschaffen hat, sollte der nicht die Macht besitzen, Menschen aus dem Tode zu neuem Leben auferstehen zu lassen? Wie Gott einst gehandelt hat, wird er wieder handeln: Der Schöpfer bleibt der Schöpfer; er verläßt sein Geschöpf nicht. Aber ist nicht gerade der Schöpfungsgedanke eines jener religiösen Elemente, die schlecht in unsere **wissen-** → S. 102 **schaftliche Welt** hineinpassen? Die Vorstellungen sind vorbelastet durch ein allzu wörtliches Verständnis der biblischen Schöpfungslieder. Oder sie sind geprägt von der Idee eines himmlischen Weltenbaumeisters, einer mythischen Urkraft oder einem allmächtigen Macher, einem Allgeist jenseits und außerhalb des Kosmos. Jede Zeit hat ihre Bilder und macht sich ihre Gedanken über das Geheimnis der Wirklichkeit, und dies wird so lange andauern, wie die Menschen die großen Fragen nach dem ersten und letzten Woher, Wozu und Wohin stellen. Der Schöpfungsgedanke will nicht mehr und nicht weniger, als eben diese Tür offenhalten.

Er will die Überzeugung festhalten, daß die Welt in Gott einen letzten Grund und Halt hat. Dies ermöglicht den Menschen auf einen unzerstörbaren Sinn des menschlichen Lebens und des Kosmos zu vertrauen. Schöpfung heißt, sich dankbar inne zu werden, daß jenseits jeder Grenze ein anderes, neues Land seine Verheißungen und Offenbarungen bereit hält. Wer Schöpfung so versteht, kann sich getrost freimachen von der Angst, daß sein Glaube durch irgendwelche alten oder neuen Weltentstehungstheorien ad absurdum geführt werden könnte.

Insofern bedeutet an eine Auferweckung glauben: vertrauensvoll über die Grenze des Lebens, über alle Grenzen im Leben, die uns hindern zu werden, was wir sein könnten hinaus zu vertrauen, daß Leben Sinn macht.

Der Herr ist der Geist

Doch selbst dieses Vertrauen beseitigt nicht alle Mißverständnisse und Ängste. So merkt Lukas in seiner Emmauserzählung nicht ohne feine Ironie an: »Als die Emmausjünger dem in Jerusalem versammelten Kreis der Elf von ihrer Erfahrung mit Jesus beim Brotbrechen erzählten, trat Jesus in ihre Mitte. Die Elf aber meinten ein *Gespenst* zu sehen und gerieten in Panik. (vgl. Lk 24,37) Damit macht Lukas deutlich: Selbst wenn euch Jesus von Angesicht zu Angesicht gegenüber stünde, bedeutete das noch immer nicht, daß ihr ihn auch wahrnehmt und annehmt, so wie er war und ist, und nicht statt dessen die Begegnung mit ihm als Fata Morgana abtut. Denn auch von den vielen Menschen, die ihm zu Lebzeiten begegneten, haben nur wenige auf seine wahre Botschaft gehört und ihn angenommen. Auch damals schon mißbrauchten ihn viele als Projektionsfläche für ihre eigenen Wünsche, Vorstellungen und Hoffnungen, und entsprechend haben sie sich ihr Bild von ihm gemacht, ein gutes oder ein schlechtes. Freilich wird auf diese Weise Jesus zum Gespenst, zur Karikatur gemacht. Genau dies aber ist mit der Geistesgegenwart Gottes durch Jesus Christus in der Urgemeinde der Elf (Apostel) nicht gemeint. Hier geht es – und genau das will der korrigierende Eingriff des Evangelisten klar machen – um die schöpferische Kraft Gottes, die den Menschen dazu bewegt, in ein neues Leben aufzubrechen.

Das Wort Geist (hebr. *rūah*, gr. *pneūma*) ist freilich voll von Bedeutungen. Doch haben die Wortbedeutungen alle einen gemeinsamen Sinnzusammenhang: Sie haben einen dynamischen, ja geradezu dramatischen Hintergrund; sie haben zu tun mit emotionalen Zuständen der Erregung, der Ergriffenheit, des Erschreckens oder Aufgebracht-Seins. Wir erfahren Geist als etwas, das uns transzendiert, uns übersteigt, obwohl wir selbst es doch sind, die diesen Geist besitzen, nein, eigentlich *sind* und repräsentieren. »Be-Geisterung« und »Ent-Geisterung« liegen oft so nahe beieinander, daß wir uns gedrängt fühlen, selbst – koste es, was es wolle – Grenzen zu setzen, um uns nicht zu verlieren. Wo aber Gottes und Christi Geist im Spiel ist, findet der menschliche Geist einen Horizont, an dem er sich orientieren kann. So schreibt Paulus im Zweiten Korintherbrief:

»Der Herr ist der Geist; wo aber der Geist des Herrn ist, ist Freiheit. Wir alle aber spiegeln mit aufgedecktem Angesicht die Herrlichkeit des Herrn wider und werden [so] verwandelt in dasselbe Bild von Herrlichkeit zu Herrlichkeit, wie [es] vom Herrn, dem Geist aus, [geschieht].« (2 Kor 3,17–18)

Diese Spiegelung ist möglich, weil in Jesus Gottes Geist für die Menschen, die sich vertrauensvoll auf ihn einlassen, erfahrbare Wirklichkeit wird. Die Jüngergemeinde beansprucht für Jesus, daß er in Gottes »Vollmacht« spricht und handelt. Er ist für den Glaubenden *als Mensch* der Geisterfüllte, der Geistträger schlechthin. So kommt es denn auch zum Glaubensverständnis, daß Jesus in Person Wort, Offenbarung und Geist, das heißt lebenswirkende Kraft Gottes ist.

Wenn man – wie es die christliche Theologie traditionellerweise tut – Gottes Geist als Person versteht, dann in dem Sinne, daß Gott dem Menschen, wenn dieser ihm begegnet, im Geiste präsent, geistes-gegenwärtig ist. Er wird im religiös aufgeschlossenen Menschen zu einer Erfahrung, die ihn zum Nachdenken und Handeln, zur Reflexion und zum Dialog antreibt. Entscheidend für das christliche Verständnis solcher Begegnung mit Heiligem Geist ist die *Begegnung mit dem Geist, der Gesinnung des Jesus Christus*. Sie wird bezeugt durch das Neue Testament und die Glaubensgeschichte seiner Gemeinde bis auf den heutigen Tag. In dem was mit vielen Menschen in der Begegnung mit Jesus von Nazareth damals geschah, sehen die Glaubenden Gottes Kraft. Jesus wird als der Geisterfüllte schlechthin, als das Wirken, ja der »Sachwalter« (Hans Küng) der heiligen, heilenden und lebendigmachenden Kraft Gottes gesehen. Das Geistwirken in und durch Jesus macht also gleichzeitig offenbar, wes Geistes Kind die Beziehung Gottes zu Jesus, zu den Menschen und zur ganzen Schöpfung ist. Er wird in der Gemeinde als gegenwärtige Kraft erfahren, wenn in ihr die Gesinnung Christi →S.90 wahrhaftig zu spüren ist und ihr Handeln bestimmt (**Christliche Lebenspraxis**).

DER DREIEINE GOTT

Der Gott, der uns im Spiegel der Bibel begegnet, ist nach dem Zeugnis der Schrift kein »unbewegter Beweger«, kein abstraktes Theorem, kein philosophischer Arbeitsbegriff, nicht der logisch postulierte Schlußstein im Weltengewölbe. Er ist ein Gott, der als dynamisches, schöpferisches Geschehen erfahren wird. Gott ereignet sich als Beziehung, in der Erfahrung, im Experiment des Lebensvollzugs. Er ist der eine und einzige, aber er ist es nicht in einsamer Selbstbescheidung, sondern im Dialog mit den Menschen: »Ich bin der Ich-werdeda-sein«. Es ist dieser Name Gottes, Jahwe, der Geschichte macht, Heilsgeschichte – seit Moses Dornbuscherlebnis:

Er ist Name für das Licht der Welt, durch das diese Welt uns als Schöpfung und er als Anfang, Schöpfer, Ursprung, Vater von allem sichtbar wird, das existiert.

Er ist Name für das schöpferische Wort, das befreit, Zukunft stiftet, Sinn im Leben erschließt, Name für das Wort, das den Mund der Propheten öffnet, für das Wort, das im Messias Jesus aus Nazareth Mensch geworden ist: lebendige Wirklichkeit der Nähe Gottes.

Er ist Name für den Geist, der in den Herzen der Menschen handelt, der gegenwärtig ist in der Gemeinde, wenn Jesus »der Weg, die Wahrheit und das Leben« ist, dem sie folgt.

Diese für das hebräische Denken vertraute Dynamik war für das von der Metaphysik geprägte griechische Denken schwer nachvollziehbar (**Christliche Kultur**). Die Gottesanrede Vater steht im Juden- → S. 114 tum als Metapher für die besondere heilsgeschichtliche Beziehung des Volkes Israel zu seinem Bundesgott Jahwe. Es verdankt nach seinem Glauben seine Existenz Gottes Berufung. Jahwe hat Israel durch den Sinaibund nach seinem eigenen Selbstverständnis geschaffen. Der Glaube an die Erwählung durch den einen gemeinsamen Gott Jahwe ist der Grund, daß es Israel als Volk Gottes trotz aller Schicksalsschläge, trotz Verfolgung und Holocaust bis auf unsere Tage gibt. Israel beschrieb deshalb von alters her seine Beziehung zu Gott als Vater-Sohn-Beziehung, als Kindschaftsverhältnis. Darum spricht es Gott – wie es heute auch die Christen in aller Welt tun – im Gebet als Vater an. Das Volk Israel selbst versteht sich als Gottes Sohn; was ja auch der Name Israel andeutet, der übersetzt bedeutet: Mann Gottes. Selbstverständlich versteht der jüdische Glaube dieses Kindschaftsverhältnis weder biologisch noch metaphysisch-seinshaft. Es gilt genauso vom König, wenn er Sohn Gottes genannt wird (Ps 2,7).

Christen, die aus dem hellenistischen oder römischen religiösen Umfeld stammten, gingen von anderen Voraussetzungen aus. Der

Göttervater Zeus war – wie man weiß – kein Kind von Traurigkeit. Aus seinen Verbindungen mit Menschentöchtern gingen nach der Mythologie Halbgötter wie Herkules hervor. Damit war ein Mißverständnis der Gottessohnschaft Jesu fast unvermeidlich. War Jesus Christus also ein Halbgott, ein physischer Sohn des Hebräergottes? War er vergöttlicht und in den Olymp erhoben worden? War er ein Geschöpf des Gottes? Die hellenistische Theologie versuchte mit ihren philosophischen Begrifflichkeiten das biblische Verständnis in den griechisch-römischen Kulturhorizont zu übertragen. Daraus entstand eine ein halbes Jahrtausend dauernde Debatte, die sich immer wieder mit neuen Mißverständnissen und Irrlehren auseinandersetzen mußte. Das Ergebnis war schließlich das sogenannte »Nizäno-Konstantinopolitanische Bekenntnis«, das im 6. Jahrhundert aus den Texten der beiden Konzilien zusammengestellt wurde:

WIR *SETZEN UNSER VERTRAUEN* IN EINEN EINZIGEN *GOTT*,

• den allbeherrschenden VATER, den Schöpfer des Himmels und der Erde, alles Sichtbaren und Unsichtbaren,

• und in einen einzigen Herrn Jesus Christus, in Gottes einzigen SOHN,

aus dem Vater geboren vor allen Zeiten,
Licht aus Licht,
wahrer Gott aus wahrem Gott,

geboren, nicht geschaffen,
wesensgleich dem Vater, durch den alles geworden ist,

der wegen uns Menschen und um unseres Heiles willen
aus den Himmeln herabgestiegen und Fleisch geworden
ist aus heiligem Geist und Maria, der Jungfrau;

und er ist Mensch geworden,
wurde für uns gekreuzigt unter Pontius Pilatus,
hat gelitten und wurde begraben;

und er ist auferstanden am dritten Tag gemäß den Schriften,
hinaufgestiegen in die Himmel
und sitzt zur Rechten des Vaters;
und er kommt wiederum mit Herrlichkeit, Lebende und Tote
zu richten;
sein Reich wird kein Ende haben;

• und in einen [einzigen] HEILIGEN GEIST, als den Herrn und
Lebensspender,

der aus dem Vater hervorgeht,
der mit dem Vater und dem Sohne mitangebetet und mit-
verherrlicht wird,
der durch die Propheten gesprochen hat.

[WIR VERTRAUEN] AUF EINE EINZIGE HEILIGE WELTUMSPANNENDE
UND APOSTOLISCHE *KIRCHE*.

WIR BEKENNEN EINE EINZIGE *TAUFE* ZUR VERGEBUNG DER SÜNDEN.

WIR ERWARTEN EINE *AUFERSTEHUNG* DER TOTEN
und ein Leben der zukünftigen Zeit.

Amen
(Übertragung der griechischen Fassung)

Vor dem Hintergrund des Gottesbildes, des Christus- und Geistverständnisses, das hier vorgestellt wurde, mag sich die Ratlosigkeit, die
heute vielen Menschen die Sprache verschlägt, wenn sie dieses altehrwürdige Glaubensbekenntnis im Gottesdienst mitsprechen sollen, wenigstens etwas auflösen. Damit wird freilich nicht aus der

Welt geschafft, daß der Text aus einer heute doch sehr fremd gewordenen Welt stammt. Für diese Welt war er gedacht und für sie war er auch stimmig. Die zentralen Wahrheiten bleiben freilich über die Grenzen von Zeit, Kultur und Geschichte hinaus bestehen.

Über allem steht das Schemah Israel: »Höre, Israel, Jahwe ist unser Gott, Jahwe einzig« (Dt 6,4). Es gibt nur einen *einzigen* Gott, nur *eine* einzige Kirche (ein einziges Gottesvolk), nur die *eine* Taufe zur Vergebung der Sünden und es gibt nur *eine* Zukunft, die auf Auferstehung hoffen läßt, die Zukunft des nahe herbeigekommenen Reiches Gottes. Aber – so setzt das Bekenntnis erklärend hinzu – dieser eine Gott ist kein abstraktes Prinzip, sondern ein handelnder, begegnender, belebender Gott.

- Er ist der eine und selbe Gott, dem sich die Schöpfung verdankt, der wie ein Vater den Kosmos beherrscht.
- Der Sohn, das Wort, durch das alles ward, es ist des einzigen Gottes ureigenes Wort. Das wahrhaft göttliche Licht, das in Jesus Christus strahlt und Geist und Herz erleuchtet, ist kein anderes Licht.
- Der Heilige Geist, der vom auferweckten Christus ausgeht und mitten in der Gemeinde als alles verändernde Macht gegenwärtig wirkt, ist der Geist der Freiheit, von dem Paulus schreibt: »einen Geist der Sohnschaft habt ihr empfangen, in dem wir rufen: Abba, Vater! Der Geist selbst bezeugt [zusammen] mit unserem Geist, daß wir Kinder Gottes sind« (Röm 8,15–16). Dieser Geist ist kein anderer Geist, als der Geist des einen und einzigen Gottes.

»Jahwe/der Herr einzig« (Dt 6,4) begegnet im Spiegel der Schöpfung, im Wort der Propheten, als der Christus Jesus. Er begegnet, wo Christi Geist Glaubende antreibt, den Exodus in das weite Land Gottes zu wagen. Diese Botschaft, dieses Konzept glaubenden Vertrauens in die Transzendenz überwiegt alle zeitbedingten Formeln und Vorstellungen, die eben auch zum Nizäno-Konstantinopolitanum gehören: die räumliche Vorstellung des Himmels als höchste Weltensphäre, die biologische Deutung der jungfräulichen Geburt Jesu. Das Bekenntnis behält seinen Wert, auch wenn wir heute mit der trinitarischen Arithmetik unserer Väter (3 = 1 und 1 = 3) im Glauben vielleicht nicht mehr zurechtkommen. Und dies ist auch ein guter Grund, dieses Bekenntnis in Ehren zu halten: Trotz seiner zeitbedingten Form enthält es etwas, was Christen im Letzten verbindet und trotz aller Spaltungen zusammenhält. In heutige Sprache gefaßt:

> Wir setzen unser Vertrauen auf den Namen des Ewigen:
> den Schöpfer aller Dinge, Ursprung und Ziel unseres Lebens,
> den Erbarmer, den Barmherzigen.
>
> Er ist da in Jesus, dem gottgesandten Menschen aus Nazareth.
> In ihm ist er solidarisch mit uns bis in den Tod,
> der Weg, die Wahrheit und das Leben.
>
> Wir setzen unser Vertrauen auf den Geist Gottes,
> der auf Jesus Christus ruht,
> die Kraft, aus der wir leben, für die Hoffnung der Welt.

DAS WERDEN DER KIRCHE

Der Ursprung

Exegetisch dürfte heute weitgehend Einigkeit darüber bestehen, daß Jesus nicht die Absicht hatte, eine neue Religion zu stiften, und es bleibt bis heute umstritten, ob er auch nur so etwas wie eine besondere Synagoge oder Kirche zu begründen beabsichtigte.

Vom Kirchenhistoriker Alfred Loisy stammt der berühmt gewordenen Satz: »Jesus verkündigte das Reich Gottes, was kam, war die Kirche«. Noch unverblümter sprach der evangelische Theologe Emil

Brunner vom »Mißverständnis der Kirche«. Heute dürfte exegetisch zumindest feststehen: Die Gründung einer eigenen Kirche war nicht Thema der Verkündigung Jesu.

Zumal die katholische Kirche reagierte heftig auf solche Thesen. Hatte man doch Mt 16,17–19 traditionell als unzweifelhaften Beweis dafür genommen, daß Jesus persönlich die Kirche gestiftet und Petrus zu ihrem Felsen (und ersten Papst) ernannt habe. Die Berufung des Zwölferkreises und die verschiedenen Jüngerunterweisungen wurden auf dieselbe ideologische Linie gebracht. Und so verlangte der sogenannte Antimodernisteneid Pius X. seit 1910 von allen Priestern und Theologen das Bekenntnis: »Ich glaube, daß die Kirche ... durch den wahren und historischen Christus selbst ... unmittelbar und direkt eingesetzt und auf Petrus, den Ersten in der Hierarchie der Apostel, ... erbaut wurde.« (DH 3540)

Aber auch die katholische Bibelwissenschaft ließ sich mit solchen Maßnahmen nicht aufhalten. Allerdings ist mit der Feststellung, das Matthäusevangelium habe lediglich die Tatsache, daß eine eigenständige christliche Kirche entstanden war, auf Jesu Willen zurückführen wollen, das eigentliche Problem nicht vom Tisch. Wenn nämlich die Kirchengründung tatsächlich kein Thema für Jesus war, stellt sich die Frage: Lag sie wenigstens in der Intention seiner Reich-Gottes-Verkündigung? Tatsächlich stellt sich damit die Frage, ob das Bild, das die Kirchen heute abgeben, noch das Anliegen Jesu wiedergibt.

Jesus war Jude – wollte er jemals etwas anderes sein? Jesus wirkte unter Juden für Juden, seine Bibel, seine Gebete, sein Gottesdienst waren jüdisch; seine Botschaft war an das jüdische Volk gerichtet; auch die Jünger und seine ganze Gefolgschaft bestanden aus Juden. Die älteste Gemeinde, die sich bald nach der Krise seiner Verhaftung und Kreuzigung versammelte im Glauben, daß Gott ihn zu sich auferweckt hätte, bestand aus Juden. Sie verstanden sich als Gemeinde innerhalb des Judentums, ließen sich weiterhin beschneiden (Apg 15,1; Gal 5,2f.), hielten den Sabbat (Mt 24,20), feierten die jüdischen Feste mit (Kol 2,16) und befolgten die gesetzlichen Reinheitsvorschriften (Gal 2,12; Apg 21,20–26). Ja, bis zur Zerstörung des Tempels im Jahre 70 nahmen die Jesusleute selbstverständlich am Tempelgottesdienst teil (Mt 5,23; Apg 2,46; 3,1), beteten das »Schema Israel« (»Höre Israel!«) – das Glaubensbekenntnis der Juden zum einen und einzigen Gott –, das 18-Fürbitten-Gebet (»Schemone Esre«) und die anderen Gebete des jüdischen Gottesdienstes.

So ist trotz der später so grausam mißratenen Geschichte des christlich-jüdischen Verhältnisses *der* gemeinsame Ursprung bis heute unverkennbar. Juden und Christen ist bis heute gemeinsam:

- der Glaube an den einen *Gott Abrahams*, *Isaaks* und *Jakobs*, dem die Menschen durch ihre ganze Geschichte hindurch als dem Schöpfer und Erlöser der Welt vertrauen dürfen;
- Juden und Christen benutzen eine gemeinsame Sammlung heiliger *Schriften* (den Tenach oder das Alte Testament) als Quelle gemeinsamen Glaubens, gemeinsamer Werte und Vorstellungen;
- gemeinsam geblieben sind viele Elemente und Strukturen des *Synagogengottesdienstes*: die Lesungen, das Psalmengebet, die Predigt, also das, was wir heute als Wortgottesdienst bezeichnen;
- gemeinsam ist das durch die zehn Gebote umschriebene *Ethos* der Gerechtigkeit und der Gottes-, Selbst- und Nächstenliebe;
- und schließlich der unerschütterliche Glaube an das Ziel der *Geschichte*: Gottes Treue in der Geschichte mit seinem Volk, die Erwartung, daß Gott selbst die Geschichte vollenden und Juden und Christen, ja alle Völker der Erde in der Gemeinschaft mit sich zusammenführen wird.

So viel Gemeinsamkeit macht es schwierig zu verstehen, warum es überhaupt zum Bruch zwischen Juden und Christen kommen konnte, ja kommen mußte. Gewiß, da war die Gesetzeskritik Jesu; sie provozierte zweifellos, aber ungewöhnlich war sie zur Zeit Jesus nicht. Unvergessen war die Kritik der Propheten an Israels Einstellung zum Gesetz. Daß Jesus sich selbst an die Stelle des Mose, Elia oder gar Gottes gesetzt oder sich zum Messias und Gottessohn erklärt hätte, ist nach der neutestamentlichen Quellenlage nicht vorstellbar. Er schien nichts anderes zu sein als ein jüdischer Frommer, der Gottes Gerechtigkeit verkündigte und an die Nähe der Gottesherrschaft glaubte. Weshalb kam es dann wegen Jesus zum Bruch zwischen Juden und Christen?

Warum ist das Christentum eine neue Religion?

Es ist – wie jüdische Theologen, etwa Pinchas Lapide oder Schalom Ben-Chorin, wiederholt vorgeführt haben – möglich, Jesus jüdisch zu interpretieren. Vielleicht gab es im Rahmen des toleranteren, jedenfalls weniger dogmatischen Einheitsverständnisses des Judentums tatsächlich für einen Jesus Platz, wenn man ihn auch als Randerscheinung betrachtete. Richtig an solchen Versuchen, Jesus ins Judentum zu reintegrieren, ist dies: Der Konflikt entzündete sich – nachdem Jesus nun einmal tot war – nicht an Jesus selbst und an seinem Toraverständnis, sondern an der posthumen Interpretation seines Werks, seiner Person und seiner Geschichte durch seine Anhänger. Alle Gemeinsamkeiten mit dem Judentum, die wir heute feststellen, können (und dürfen!) nicht darüber hinwegtäuschen, daß sich von Anfang an gravierende Unterschiede zwischen den Anhängern Jesu und dem rechtgläubigen Judentum abzeichneten. Helmut Köster vermerkt vier neuralgische Punkte, an denen Auffassungen zu Wort kommen, welche die Vorstellungswelt des überlieferten Judentums sprengen:

- Die Jesusgemeinde hat ein enthusiastisches Bewußtsein des *Geistbesitzes*. Sie glaubt, daß in ihr die für die Endzeit verheißene Ausgießung des Gottesgeistes, der in Zungen reden, prophezeien, Heilswunder geschehen läßt, sich schon erfüllt hat (vgl. die Pfingstgeschichte Apg 2).
- Angesichts der unmittelbar bevorstehenden Apokalypse gibt sich die Gemeinde nur *provisorische Strukturen*: Es bildet sich der Kreis

der Zwölf, die als Repräsentanten der zwölf Stämme des endzeitlichen Israel es in der Zeit der Vollendung als die neuen Stammvä-
ter im Glauben anführen sollen.

- Die Gemeinde übernimmt vom Täufer Johannes die endzeitliche
  Taufe, spendet sie aber »im Namen Jesu« und gibt damit zu verstehen, daß sie in Jesus die Heilszusage Gottes für schon erfüllt und in
  ihm Gottes Geist als schon gegenwärtig glaubt.
- Neben dem gemeinsamen Gebet im Tempel feiert die Gemeinde
  ein *endzeitliches Mahl*, wie es Jesus selbst mit den Seinen gefeiert
  hatte. Aber die Gemeinde feiert es jetzt zur vergegenwärtigenden
  Erinnerung an ihn als den Herrn und in Erwartung seiner baldigen
  Wiederkunft.

Im Zentrum des Streites zwischen Juden und Christen steht mit anderen Worten von Anfang an der Name des Nazareners. Das offizielle
Judentum lehnt ihn als falschen Messias ab, die junge Christengemeinde verkündet ihn als den wahren Messias, in dem von nun an
Heil ist für Israel. Trotz aller Gemeinsamkeiten, die Juden und Christen
weiterhin verbindet, zeichnet sich hier von Anfang an eine unüber-
brückbare theologische Grunddifferenz ab.

Lange bevor es zur Ausbildung einer theologisch durchdachten
Christologie kommt, steht Jesus von Nazareth im Zentrum des Glaubens als »Messias«, »Herr«, »Menschensohn«, »Davidssohn«. Die Jesusgemeinde bekennt: »Jesus ist der Herr«. Das heißt: Der Glaube an
Gott wird christologisch konkretisiert und personalisiert. Im Messias
aus Nazareth wird der Name Gottes, Jahwe, auf eine unerhört neue
Weise gedeutet. Die radikale Neuinterpretation des Judentums von
einem Messias Jesus her provozierte um so mehr, als dieser Messias
ja einen Tod erlitten hatte, von dem das Sprichwort sagte: »Verflucht
ist jeder, der am Holze hängt« (Gal 3,13; Dt 21,23).

Das Verständnis dieses Christus scheidet die Geister und führt 85
n. Chr. zur Exkommunikation der christlichen Gemeinden aus dem

Judentum. Die Christologie führt mit anderen Worten zur Ekklesiologie. Dies insofern, als das in immer schärferer Auseinandersetzung mit dem Judentum radikalisierte Christusverständnis die christlichen Gemeinden nötigt, sich eine eigene Gestalt und Lebensform zu geben, die ihrer Glaubensidentität entspricht. Die Taufe auf den Namen Jesu und die Pflege der Mahltradition Jesu wird dieser Identität schließlich ihre prägende Gestalt und Symbolik geben.

Kirche aus Juden und Griechen

Wir müssen uns an den Gedanken gewöhnen, daß es so etwas wie eine christliche Einheitskirche in urchristlicher Zeit nicht gegeben hat. Vielmehr haben kirchenbildende Prozesse in Jesusgruppen von sehr unterschiedlichem sozialem und kulturellem Zuschnitt fast gleichzeitig stattgefunden. Sie trugen von Anfang an den Kern zu unterschiedlichen Formen von Kirche in sich. Wir wissen nicht einmal genau, ob die erste Gemeinde in Galiläa oder in Jerusalem entstand und wie diese Gründungsphase verlief. Tatsächlich war schon das Judentum zur Zeit Jesu alles andere als eine homogene Bewegung gewesen. Und zu diesem innerjüdischen Spannungselement kam mit der Zulassung von Nicht-Juden zur christlichen Gemeinde noch ein Weiteres hinzu. In diesem Kontext entstand das Christentum als eine neue Religion, die sowohl zum Judentum als auch zur hellenistischen Religiosität bald in Spannung geriet. Diese Spannung hatte es allerdings lange vor dem Christentum schon im Judentum gegeben.

Judentum und Hellenismus

Seit den Makkabäerkriegen (167–143 v.Chr.) bestand in Jerusalem eine latente kulturelle Spannung zwischen dem aramäischen und dem hellenistischen Judentum. Das palästinensisch-aramäische Judentum vermochte den hellenistischen Kulturschock um so weniger zu überwinden, als die von den Makkabäern wiedererstrittene politisch-nationale Souveränität Israels schon 64 v. Chr. durch neuerliche Okkupation – diesmal die römische – niedergezwungen wurde. Gegen die verhaßte Fremdherrschaft regte sich auch zur Zeit Jesu immer wieder gewaltsamer Widerstand.

Daß unter solchen Voraussetzungen Konflikte zwischen aramäisch sprechenden und griechisch sprechenden Juden kaum ausbleiben konnten, ist leicht vorstellbar. Viele begüterte hellenistische Juden und Gottesfürchtige verbrachten ihren Lebensabend in Jerusalem, um dem Tempel nahe zu sein, nach ihrem Tod in der heiligen Stadt begraben zu werden und im Kidrontal den Tag der Auferweckung zu erwarten. Sie unterhielten in Jerusalem eigene Synagogen, in denen Schriftlesung und Gottesdienst in griechischer Sprache gehalten wurden. In diesem Spannungsfeld entstand das Christentum. So war schon in der Jerusalemer Urgemeinde die innerjüdische Spannung von Anfang an virulent.

Spannungen in der Urgemeinde

In der Tat bestand die Jerusalemer Urgemeinde, die sich kurz nach Jesu Tod formierte, keineswegs nur aus aramäisch sprechenden Juden, sondern rekrutierte sich zu einem erheblichen Teil aus den Kreisen des griechischsprachigen hellenisierten Judentums. Die Apostelgeschichte des Lukas berichtet über frühe Konflikte zwischen Hellenisten und Hebräern, die auf eine starke, wohl auch räumliche Trennung schließen läßt. Die Gruppen trafen sich offensichtlich zu unterschiedlichen Zeiten und an verschiedenen Versammlungsorten, unterhielten eigene Synagogen und eigene Hausgemeinschaften. Dazu dürften außer sprachlichen auch mentalitätsbedingte Unterschiede beigetragen haben. Die Hellenisten repräsentierten soziokulturell wohl eher den Typus des Stadtbürgertums. Die Schrift wurde im Gottesdienst von den einen hebräisch, von den anderen griechisch gelesen, was sich wiederum von Anfang an in der Auslegung und theologischen Reflexion niedergeschlagen haben muß.

Neben dem Zwölferkreis (der Gemeinde der Hebräer), der vor allem von der Idee der Wiederherstellung Gesamtisraels getragen war, entstand fast gleichzeitig der sogenannte *Stephanuskreis*, der offensichtlich das »Führungskollegium einer selbständigen Gemeindegruppe« (Martin Hengel) verkörperte. Die nach der Apostelgeschichte (Apg 6,1–7) eingesetzten Diakone (gr. diákonoi) waren also keineswegs nur eine Art Armenpfleger im Auftrag der »Zwölf«. Vor allem die Stephanusgemeinde entwickelte einen bemerkenswerten Missionseifer.

Die von Stephanus geleitete griechische Gemeinde geriet in den Jahren 32 bis 34 – also bald nach dem Tod Jesu – mit dem offiziellen Judentum in Konflikt. Grund war der Vorwurf angeblicher Lästerung von Tempel und Gesetz im Namen Jesu (Apg 6,11–14). Stephanus wurde verhaftet (Apg 6,12) und gesteinigt (Apg 7,54–60), die hellenistische Gemeinde aus Jerusalem ausgewiesen. Am Bericht fällt auf, daß die Apostel in der heiligen Stadt blieben (Apg 8,1). Die Gemeinde der aramäischen Judenchristen wurde offensichtlich nicht behelligt, ihre Gesetzestreue nicht angezweifelt, die Teilnahme am Opfer- und Tempelgottesdienst bis zur Zerstörung im Jahre 70 nicht in Frage gestellt.

Die spannungsreiche Koexistenz von Judentum und Hellenismus gehört zu den Entstehungsbedingungen des Christentums. Das heißt: Der vor allem im palästinensischen Judentum vorhandene kulturelle und sprachliche Antagonismus zwischen Hebräern und Hellenisten setzte sich fort in einem von Anfang an bestehenden Dualismus der christlichen Bewegung, dessen Grundmuster durch die Kirchengeschichte hindurch in immer neuen Auflagen variiert. Das Christentum ist mit anderen Worten von Anfang an dialektisch und polyzentrisch (Zwölferkreis – Stephanuskreis, Jerusalem – Antiochien, Judenchristen – Heidenchristen), seine Einheit ist von Anfang an eine synoptische Einheit, die ein erhebliches Maß an synthetischem Denkvermögen erfordert.

Bereits das hellenistische Judentum hatte nämlich Ansätze unternommen, die Grenzen eines rein ethnischen Verständnisses des Judentums aufzubrechen. In Kleinasien und in den großen Städten des Reiches gab es eine nicht unbedeutende jüdische Mission. Sogenannte Proselyten konnten durch die Beschneidung mit allen Rechten ins Judentum aufgenommen werden; Gottesfürchtige, Sympathisanten des Judentums, die sich zum einen Gott bekannten, aber nicht die volle Verpflichtung des Gesetzes auf sich nehmen wollten, nahmen am synagogalen Gottesdienst teil. Voraussetzung für ein solches missionarisches Selbstverständnis war, daß die jahrhundertelange Diasporaerfahrung und die Begegnung mit dem griechischen Denken eine fortschreitende Universalisierung des Gottes- und Bundesverständnisses in Gang gebracht hatten. Das Judentum verstand sich zunehmend als Religion für alle Völker. Dieser universale Gedanke ist bereits in den Spätschriften des Alten Testamentes angelegt, wo die Völkerwallfahrt nach Jerusalem zum endzeitlichen Vorzeichen für Gottes Kommen wird. In dieser Tradition verwandelt sich die Vertreibung der hellenistischen Judenchristen aus Jerusalem nach dem Tod des Stephanus in einen enthusiastischen missionarischen Aufbruch, der rasch über Judäa und Samaria hinaus Phönikien, Zypern und Antiochien erreicht.

Antiochien: Eine Kirche aus Juden und Heiden

Antiochien, drittgrößte Stadt des römischen Reiches, 300 Kilometer nordöstlich von Jerusalem gelegen, wo damals zwischen 20 000 und 40 000 Juden ansässig waren, wird zum ersten Ziel hellenistisch-judenchristlicher Mission. Um die Mitte der dreißiger Jahre kommt es zur Gründung einer *judenchristlichen Gemeinde* durch aus Jerusalem Vertriebene. Diese Gemeinde nahm zwar auch Proselyten aus dem Heidentum auf, doch richtete sich die Mission zunächst »nur an die Juden« (Apg 11,19). Erst als dieses Vorhaben scheiterte, ging die Gemeinde dazu über, »auch den Griechen das Evangelium von Jesus Christus dem Herrn zu verkünden« (Apg 11,20). So entwickelte sich zunächst zögernd neben dem auch später selbständig weiterbestehenden gesetzestreuen hellenistischen Judenchristentum in Antiochien ein gesetzesfreies Heidenchristentum.

Das hellenistische Judentum in Antiochien war, bedingt durch seine Diasporasituation, weniger auf Gesetz und Tempel fixiert. So leuchtet Martin Hengels These durchaus ein: »daß es gerade die ›Hellenisten‹ waren, die unter dem einzigartigen, dynamisch-schöpferischen Impuls des Geistes die eschatologisch motivierte, torakritische Intention der Botschaft Jesu weiterführten.« Als es um das Jahr 48 zunächst in Antiochien und dann 51 auf Vermittlung des (Apostels) Paulus auch mit Billigung der Jerusalemer Gemeinde auf dem sogenannten Apostelkonzil zur offiziellen Duldung des gesetzesfreien heidenchristlichen Weges kam, nahm die Zahl der Heidenchristen in Antiochien und in Kleinasien so sprunghaft zu, daß sie den bis dahin dominierenden Typus des hellenistischen Judenchristentums schließlich majorisierte und zurückdrängte. Auch Judenchristen muß es nach der grundsätzlichen Erklärung der Gesetzesfreiheit zunehmend sinnlos erschienen sein, sich weiterhin der vollen Strenge des Gesetzes zu unterwerfen, wo doch das in Jesus gekommene Heil auch ohne Zutun des Gesetzes zu erlangen war.

Damit war das Judenchristentum freilich nicht sang- und klanglos verschwunden. Vielmehr lebte sein Einfluß zumal in der späteren antiochenischen, syrischen, aramäischen und georgischen Christologie weiter. Entscheidend für diese Christologie war, daß sie festhielt an der Aussage der Evangelien, daß Jesus erst bei der Taufe durch Johannes seine Berufung zum Messias erlebte und von Gott an Sohnes Statt angenommen wurde. Diese sogenannte adoptianische Christologie unterlag in den späteren Glaubensstreitigkeiten gegen eine Theologie, die Jesus als das menschgewordene Wort Gottes von Anfang an betrachtete.

Mit dem sogenannten Apostelkonzil war auch die Frage des Gesetzes nicht ein für allemal vom Tisch: Das aramäische Judenchristentum, das sich von Jerusalem aus nach Samaria, Galiläa, Syrien,

Arabien, Abessinien und Indien ausbreitete, hielt nicht nur prinzipiell an Tora und Tempel fest, sondern die wenigen Informationen, die uns das Neue Testament gibt, lassen auf weitere Auseinandersetzungen schließen. Der Galaterbrief polemisiert gegen (christliche!) Wanderprediger, welche die Gemeinden in Galatien drängten, um ihres Heiles willen die Praxis der Beschneidung und das Leben nach dem Gesetz wieder aufzunehmen. Der Römerbrief widmet sich ebenfalls eingehend der theologischen Aufarbeitung des Themas von Gesetz und (Gesetzes-)Freiheit. Auch hier ist von Verunsicherung und Meinungsverschiedenheiten zwischen (aramäischen) Judenchristen und (hellenistischen) Heidenchristen in den Gemeinden zu lesen. Paulus sieht sich bereits genötigt, den bleibenden Heilsauftrag Israels gegen einen wachsenden Antijudaismus in der frühen Kirche zu verteidigen. Eine Generation später, im Epheserbrief, wird »die eine Kirche aus Juden und Heiden« (Franz Mussner) bereits zum zentralen Thema.

Der Bruch mit dem Judentum

Aber nicht nur innerhalb der christlichen Bewegung nimmt die Spannung zu, sondern gleichzeitig verschärft sich mit der Frage eines gleichberechtigten Heidenchristentums auch die Kluft zwischen Juden und Judenchristen. Zwar war innerhalb des zeitgenössischen Judentums Torakritik in gewissen Grenzen wohl möglich, doch was die grundsätzliche Geltung des Gesetzes betrifft, gab es zumindest innerhalb des palästinensischen Judentums keinen Freiraum. Wenn es eine solche Toleranz für eine innerjüdische Torakritik gab, dann war es spätestens da um sie geschehen, als nach dem jüdischen Krieg und der Zerstörung des Tempels im Jahre 70 das Judentum im Gesetzesgehorsam das ihm verbleibende religiöse Identifikationssymbol erblickte.

Das Jahr 70 bedeutete für das Judentum, aber auch für die Jesusanhänger, die bislang als eine zwar verpönte, aber immer noch zum

Judentum gehörige Sekte betrachtet wurden, eine tiefgreifende religiöse Identitätskrise. Der Verlust des gemeinsamen Kultzentrums bewirkte eine fundamentale Erschütterung des apokalyptischen und messianischen Denkens. Als bald nach 70 in Javna, nahe dem heutigen Tel Aviv gelegen, ein neues jüdisches Zentrum entstand, von dem aus das Judentum reorganisiert und reformiert werden sollte, war an eine Integration der Jesus-Gemeinden nicht mehr zu denken. Den letzten, formellen Akt der Trennung von Juden und Christen vollzog im Jahr 85 eine jüdische Synode in Javna: Sie sprach die feierliche »Ketzerverfluchung« über die Jesusanhänger aus. Die Synode hatte sich die Aufgabe gestellt, nach dem Zusammenbruch das Judentum nach pharisäischen Gesichtspunkten unter Führung von Rabbi Johanan Ben Zakkai, später unter Rabbi Gamaliel II. neu zu organisieren und zu einen. Die Verfluchung der Christen wurde als zwölfte Benediktion in das »Achtzehn Gebet« eingefügt. Damit war der endgültige Bruch geschehen.

Der Bruch mit dem Judentum stellte die christlichen Gemeinden definitiv vor die Notwendigkeit, eine eigene exklusiv christliche Identität zu entwickeln. Je heftiger mithin das offizielle Judentum die Messianität Jesu ablehnte, um so radikaler wurde sie auf der christlichen Seite akzentuiert – so sehr, daß die christologische Interpretation der Tora bald eine grundsätzlich antijüdische Tendenz annahm. Das heißt: »Die Konzentration der jungen Christengemeinde auf Jesus hatte eine zunehmende Polemik gegen die ihn ablehnende Synagoge im Gefolge. Eine sich verschärfende Polemik ... nicht nur gegen bestimmte jüdische Autoritäten, sondern gegen ganze Gruppen, ›die Pharisäer und Schriftgelehrten‹, ja schließlich überhaupt pauschal gegen ›die Juden‹«. (Hans Küng)

Zumal das hellenistische Judenchristentum verstärkte nicht nur die im Judentum selbst schon vorhandenen Antagonismen, sondern fügte Elemente hinzu, die den Charakter ihrer ursprünglich jüdischen Religiosität wesentlich veränderten. Das Christentum war damit nicht nur eine neue Konfession, sondern eine *neue Religion*, auch wenn diese Tatsache den Jesusjüngern erst allmählich bewußt geworden sein dürfte. Die Tolerierung und dann das Überhandnehmen eines gesetzesfreien Judenchristentums für Christen, die aus dem Heidentum zur Gemeinde kamen, bedeutete für einen jüdischen Frommen nichts weniger als die einseitige Aufkündigung der Bundesverpflichtung gegen Gott; war doch die Tora wesentlicher Inhalt des Bundesvertrags.

Gleichzeitig entwickelte das hellenistische Christentum ein radikal neues Verständnis der Schrift. Nahm man Jesus als Messias an, so waren die Verheißungen der Propheten, die Beschreibungen der Heilszeit, die Gottesknechtslieder des Jesaia, der Menschensohn Daniels in einem ganz bestimmten Lichte zu lesen, dem Lichte des Lebens und Sterbens Jesu. Mit anderen Worten: Die Geschichte mit und um Jesus wird zum alles entscheidenden Interpretament der Geschichte Israels. Jesus Christus wird zum Auslegungskriterium vergangenen, gegenwärtigen und künftigen Geschehens und zwar von Welt, Gemeinde und eigener individueller Geschichte. In jüdischen Augen stellten die Christen den Nazarener in einer einzigen ungeheuerlichen Blasphemie mit Gott auf eine Stufe und gefährdeten damit den Glauben an den einen Gott.

Aber damit nicht genug: Die Folge des christlichen Messiasverständnisses und seiner Schriftauslegung war letzlich ein neues »Gottesvolkverständnis«, das den Rahmen der traditionellen Identität von Gottesvolk und dem Volk Israel sprengte. Unangefochten galt bisher das Prinzip: Jude wird man durch Geburt oder durch eine radikale Konversion, die auch die Übernahme der ganzen Tora und ihrer (später in Talmud und Mischna schriftlich festgelegten) Auslegung und Ergänzung mit einschließt. Jude sein bedeutet, zum auserwählten Volk zu gehören. Dieses Selbstbewußtsein hielt Israel nach dem Verlust der politischen Einheit über die Jahrhunderte hinweg zusammen. Nach christlichem Verständnis dagegen entschied nicht mehr die Geburt, sondern der Glaube an Jesus als den Messias-Christus, ob man zum Volk Gottes gehörte oder nicht. Und Zeichen der Zugehörigkeit war nicht mehr die Beschneidung, sondern die Wassertaufe auf den Namen Jesu. Selbst für Christen aus dem Judentum brachten Geburt und Beschneidung anscheinend keinen Vorzug mehr. Die »wahren Kinder Abrahams« waren nicht mehr schlicht die Kinder Israels, sondern – so Paulus herausfordernd im 4. Kapitel des Römerbriefes – die auf Gott Vertrauenden aller Völker und Nationen ohne Ansehen der Person und Religion.

Als im Zusammenhang mit dem jüdisch-römischen Krieg die Jerusalemer Gemeinde ins Transjordanland floh und nach der Zerstörung des Tempels die täglichen Opfer nicht mehr stattfinden konnten, erstarkte in den christlichen Gemeinden immer mehr der Gedanke, daß mit dem Tempel auch der Alte Bund aufgehoben sei. An seine Stelle sei mit der Gemeinde der Christusgläubigen ein anderes neues Gottesvolk getreten, mit dem Gott einen neuen Bund (ein Neues Testament eben) geschlossen und im Blute seines Messias / Christus besiegelt habe. Die Eucharistie, das Herrenmahl, wird zur Bundesfeier des neuen Gottesvolkes. Die ungeheure Polemik dieser Beerbungsvorstellung kann man heute nur noch erahnen.

Der Verlust des Judenchristentums

Die seit dem 2. Jahrhundert zunehmend feindselige Ablehnung des Judentums brachte es mit sich, daß die alte Kirche schließlich auch das aramäische Judenchristentum nicht mehr als legitime Form des Glaubens ertrug. Schon in den dreißiger Jahren des 1. Jahrhunderts war es zu Spannungen zwischen den aramäisch sprechenden und den griechisch sprechenden Judenchristen in Jerusalem gekommen, die nicht nur durch die Unterschiede in Sprache und Mentalität bedingt waren, sondern wohl auch durch Meinungsverschiedenheiten über das rechte Verständnis Jesu und die rechte Schriftauslegung.

Von den aramäischen Judenchristen weiß das Neue Testament noch zu berichten, daß sie auf prophetische Weisung hin vor Ausbruch des jüdisch-römischen Krieges (69–70) nach Transjordanien außerhalb der Grenzen des römischen Reiches flohen (vgl. Mt 24,15–28 par.), wo sie offenbar über ganz Arabien verteilt Gemeinden gründeten, bis sie im 6./7. Jahrhundert aus dem Gesichtskreis der offiziellen Kirchengeschichte verschwanden. *Ebionai* (die Armen) wurden sie genannt oder nannten sie sich. Die Quellen über sie sind spärlich und tendenziös, obwohl sie in direkter Nachfolge der aramäischen Urgemeinde standen und bis über die Wende zum 2. Jahrhundert hinaus von Männern aus der Familie Jesu geleitet wurden: dem Herrenbruder Jakobus, dann von Simeon und hernach, schon nach der Flucht nach Transjordanien, durch einen Enkel des Herrenbruders Judas.

KIRCHE IM WANDEL DER ZEITEN

Das Neue Testament zeigt eine erstaunliche Dynamik der christlichen Bewegung. Kaum 50 Jahre nach Jesu Tod am Kreuz und der Auferweckungserfahrung des Jüngerkreises gab es überall im riesigen römischen Imperium christliche Gemeinden. Über die großen Heer- und Handelsstraßen verbreitete sich die gute Nachricht des Christus Jesus weit über die Grenzen des Reiches hinaus bis nach Indien und Innerasien. Dies alles ohne straffe Organisation oder eine zentrale Leitung. Unter den vielen, die auf ihren Reisen die Kunde von Jesus dem Christus verbreiteten, ist Paulus nur der prominenteste, unermüdlichste und wohl auch erfolgreichste.

Das christliche Haus

Der rasche Erfolg des Christentums in der griechisch-römischen Welt der Antike wäre nicht denkbar gewesen ohne jene spezifische Organisationsform des privaten Lebens, welche die antike Gesellschaft prägte: die Institution des oikos, der privaten Hausgemeinschaft. Das Haus war primärer Lebensraum, soziales Netz, religiöse Kultgemeinschaft und außerdem der wichtigste Produktionsfaktor im römischen Wirtschaftssystem. Daß Paulus seine Missionsgründungen nach dem Fortgang aus Antiochien auf die private Hausgemeinschaft stützte, beruhte auf seiner eigenen jüdischen Herkunft. Für den ehemaligen Diasporajuden war die Option für den antiken oikos selbstverständ-

→ S. 100 lich. Im geschützten Binnenraum des Hauses war es der **jüdischen Familie** über Jahrhunderte hinweg gelungen, ihre Traditionen und das Gesetz der Tora mitten in einer fremdkulturellen und paganen Gesellschaft lebendig zu halten. Im Hause ein Jude, in der Öffentlichkeit römischer Bürger. Für Paulus, der als Jude und römischer Bürger – worauf er großen Wert legte – selbst in Tarsus in einem solchen Hauswesen aufwuchs, wurde auf seinen Missionsreisen die Institution des Hauses »zum wichtigsten Missionsstützpunkt, Gründungszentrum einer Ortsgemeinde, Stätte der Versammlung zum Gottesdienst, Herberge für Missionare sowie Gesandtschaften und natürlich zugleich auch unmittelbarer und entscheidender Ort christlicher Lebensgestaltung.« (Jürgen Becker)

Kirche in Korinth: Paulinische Gemeinden

Um dies zu konkretisieren, lohnt sich der Blick auf die rekonstruierbare Geschichte der Gemeinde von Korinth. Korinth ist deshalb interessant, weil wir von der Existenz mehrerer Hausgemeinden in dieser Großstadt bereits zu Beginn der fünfziger Jahre wissen. Die älteste geht offenbar auf das Ehepaar Aquila und Prisc(ill)a zurück, das Ende der vierziger Jahre vermutlich wegen des claudischen Judenedikts Rom hatte verlassen müssen. Paulus wohnt und arbeitet bei diesem judenchristlichen Paar (Apg 18,1–3). Nachdem es auch in Korinth wegen der Predigten des Paulus in der dortigen Synagoge zum Streit kommt, konzentriert er sich völlig auf die Heidenmission. Bald bestehen mehrere Hausgemeinden, wobei offenbar Apollos die Arbeit des Paulus nach dessen Fortgang fortsetzt. Anscheinend verbindet sich auch mit dem Namen Apollos mindestens eine Hausgemeinde, die sich ihm später besonders verbunden weiß. Wir hören von einer Hausgemeinde, die sich um den ehemaligen Synagogenvorsteher Krispus schart (1 Kor 1,16); weitere Gemeinden versammeln sich im Hause des Stephanas (1 Kor 16,15 f.), des Gajus (Röm 16,23; 1 Kor 1,14), des Proselyten Titus Justus (Apg 18,7), des Erastos (Röm 16,23), der begüterten Dame Cloë – weitere Gemeinden befanden sich im Hafenviertel Kenchreä (Röm 16,1).

Wir hätten nicht so genaue Kenntnis über die Kirche in Korinth, wenn es dort nicht zu allerlei Rivalitäten und Spannungen gekommen wäre, die Paulus zu seinem Schriftwechsel veranlaßt haben. Die Spannungen zeigen, daß sich die Hausgemeinden trotz ihrer Verschiedenheit nicht als abgeschiedene Sekten, sondern als selbständige Teile einer Gesamtgemeinde und gemeinsam als Leib Christi und ekklesía Gottes in Korinth (= Volksversammlung) verstanden. Vorbild dürfte entweder die jüdische Synagoge oder die Rechtsform der privaten Kollegien gewesen sein beziehungsweise eine Mischung beider Strukturformen. Anscheinend gab es zumindest zur Zeit der Korintherbriefe keine (amtliche) Gesamtkirchenleitung in Korinth und es scheint auch nicht so, daß die Gastgeber der einzelnen Hausgemeinden eine Art Vorstand gebildet haben. Vielmehr besteht das Problem eben darin, daß sie sich bei Meinungsverschiedenheiten auf ihre (abwesenden) Apostel, Paulus, Apollos und Kephas berufen und diese gegeneinander ausspielen. Dabei entstehen Streitigkeiten, welche die Versammlungen der Gesamtgemeinde belasten und die auch Paulus aus der Ferne nicht autoritär lösen kann; er kann lediglich durch Apelle an die Vernunft, an den gemeinsamen Glauben erinnern.

So klar die Kompetenzen im Haus geregelt sind, wo Hausherr oder Hausherrin entscheiden, wer als Gast in die Hausgemeinschaft aufgenommen wird und die Versammlungen leitet, so unentschieden sind die Kompetenz- und Leitungsfragen in der Gesamtgemeinde. Zwar ist der Einfluß synagogaler Strukturen bis in den gottesdienstlichen Bereich hinein unverkennbar, doch sind ansonsten charismatische, prophetisch-enthusiastische und basisdemokratische Elemente vorherrschend. Die Korintherbriefe zeugen vom ständigen Kampf des Paulus gegen das Chaos, sind aber gleichzeitig ein beeindruckendes Beispiel dafür, wie Paulus die Selbstverantwortlichkeit der Gemeinde ernst nimmt, ihr zwar Ratschläge erteilt, sie ermahnt, sie heftig kritisiert und zur Entscheidung drängt, gleichzeitig aber keinen Zweifel läßt, daß sie selbst die notwendigen Entscheidungen zu treffen hat.

Für das heutige Verständnis von Kirche ist die Frage von Bedeutung, was sich hinter den »Parteiungen« versteckt, die offenbar die Einheit in Korinth gefährden. Es gibt gute Gründe anzunehmen, daß es in Korinth Kräfte gab, die eine Rückkehr der Gemeinden zum jüdischen Gesetz forderten. Solche Bestrebungen gehen seit Ende der vierziger Jahre offenbar verstärkt von konservativen Anhängern des Jakobus in der Jerusalemer Urgemeinde aus. Offensichtlich sahen die Jakobusleute im Zusammenleben von Judenchristen und Heidenchristen in ein und derselben Hausgemeinschaft einen Verstoß gegen die Übereinkunft der Jerusalemer Synode: dem sogenannten Apostelkonzil. Nach dieser Konzeption sollten Heidenchristen und Judenchristen auf getrennte Hausgemeinden verteilt werden, damit die Judenchristen wieder in der Lage wären, nach dem Gesetz zu leben. Bereits im Brief an die Gemeinden in der kleinasiatischen Provinz Galatien hatte sich Paulus allerdings vehement gegen eine solche Rückkehr zum Gesetz ausgesprochen und die Galater eindringlich an die in Christus gewonnene Freiheit erinnert (Gal 4,26–29).

Möglicherweise rührten die Spannungen und Rivalitäten in Korinth daher, daß tatsächlich verschiedene Gemeindeströmungen nebeneinander bestanden, die Mühe hatten, sich in der Ortsgemeinde als gleichberechtigte Träger der einen Sache Jesu anzuerkennen. Dagegen vertritt Paulus vehement ein ökumenisches Konzept. Er hat es – wie er (Gal 2) berichtet – schon in Antiochien gegen den Jakobuskreis, gegen Petrus und Barnabas verteidigt und sich gegen spalterische Tendenzen heftig verwahrt. Denn nur wenn Juden- und Heidenchristen in Haus und Ortsgemeinde die Spannung ihrer unterschiedlichen Herkunft aushielten und zusammenblieben, könnten sie den einen Leib Christi bilden.

Das Faszinierende und Hilfreiche am korinthischen Kirchenmodell besteht bis heute darin:

- Die Ortsgemeinde korinthischen Typs bestand aus Hausgemeinden, vielleicht vergleichbar mit heutigen Basisgemeinden oder Basisgruppen, die sich in ihrer spezifischen Eigenart, personellen Zusammensetzung, der Herkunft ihrer Mitglieder, dem Stil ihres Umgangs, den Autoritäten, auf die sie sich beriefen, durchaus unterschieden. Es gibt mit anderen Worten eine örtliche Gemeindevielfalt, die dadurch charakterisiert ist, daß die einzelnen Hausgemeinden auf mehr oder weniger gleichberechtigte Weise die Ortsgemeinde bilden, in deren Presbyterium beziehungsweise Ältestenrat sie Sitz und Stimme haben.

- Die Ortsgemeinde ist ein demokratisches Gebilde mit wenig erkennbaren Autoritätsstrukturen. Aber die *ekklesía tou Theoú*, die Volksversammlung Gottes, wie sie sich nennt, steht unter der Autorität des Christus Jesus, der Autorität seines Evangeliums, das er verkündigte und gleichzeitig verkörperte. Er ist das Haupt, unter dem alle durch ihr persönliches Charisma zu einem Leib, seinem Leib, zusammengefügt werden und sein Leib sind – wie 1 Kor 12 ausdrücklich betont.

- Gemeinde entstand da, wo menschliche Gemeinschaft bestand: im Haus. Tatsächlich war die Missionsarbeit des Paulus im öffentlichen Bereich – man denke etwa an seine Predigttätigkeit in der Synagoge oder (möglicherweise) auf öffentlichen Plätzen – nicht sehr erfolgreich. Vielmehr entstanden Gemeinden regelmäßig in den Hausgemeinschaften, die ihn als Gast aufgenommen hatten. Persönliche Beziehungen waren für das Entstehen der Gemeinde weitaus wichtiger als Kanzeln und Altäre.

- Gemeinde sollte nach der Vorstellung des Paulus da erfahren werden, wo mitten in der Welt auf befreiende Weise alternativ gelebt werden konnte, Herrenmahl gehalten wurde. Kirche war damit eben gerade nicht aus der Welt, sondern mitten in der Welt ein Ort der Veränderung, der Hoffnung und der Zukunft – und dadurch war das Christentum der Urkirche eben gerade nicht wie im modernen Sinne Privatsache, sondern von öffentlicher Relevanz.

Spätneutestamentliche Gemeinden

Über Korinth schweigen die späteren neutestamentlichen Quellen. Aus den Deuteropaulinen und vor allem aus den Pastoralbriefen tritt uns ein in manchen Zügen modifiziertes Bild von Kirche vor Augen. Eine feste Gemeindeordnung bildet sich heraus mit einem Ältestenkollegium (Presbyterium) an der Spitze. Es gibt Ämter, um die man sich bewerben kann und für die man entlohnt wird (1 Tim 3,1; 5,18 u.ö.). Die Ortsgemeinde wird gewissermaßen zum Religionsverein.

Alle diese neuen Elemente haben mit der Stabilisierung und Institutionalisierung der Kirche zu tun. Die Institutionalisierung war nach dem Abklingen der Naherwartung unumgänglich geworden, zumal nach der Zerstörung des Tempels und dem Ausschluß aus der jüdischen Religionsgemeinschaft die christliche Gemeinschaft nun auf eigene Strukturen auf allen kirchlichen Kommunikationsebenen angewiesen war.

Die Christen bildeten eine eigenständige kleine Gesellschaft in der heidnischen Gesellschaft, straff organisiert, diszipliniert, geleitet durch eine hierarchisch legitimierte Amtsautorität, das Presbyterium

(Gemeindevorstand) und die Episkopen (Gemeindeleiter), mit eigener Verwaltung, einer funktionierenden Armenpflege, einem starken sozialen Netz und internationalen Verbindungen, welche die Kirche zu einem weltweiten Liebesbund, der *oikuméne* (**Christliche Ökumene**) → S.104 vereinigten.

Die Konsequenzen sind einschneidend: Hatte die Orientierung am christlichen Haus als der unmittelbaren Lebenseinheit und Basis der christlichen Bewegung die christliche Mission und Gemeindebildung ursprünglich von anderen Religionsbildungen der damaligen Zeit unterschieden, so erscheint die Kirche der dritten christlichen Generation jetzt weithin angepaßt an die Strukturen eines antiken religiösen Kollegiums, zu dem man hingeht, um sich zum Zwecke der Religionsausübung mit Gleichgesinnten zu versammeln. Die Folgen dieser Verschiebung des religiösen Lebensmittelpunktes mochten solange nicht ins Gewicht fallen, als auch eine Ortsgemeinde nicht mehr als 200–300 Mitglieder zählte, die weiterhin durch vielfache Beziehungen verbunden waren. Als aber die Gemeinden größer wurden und weitverstreute Gemeinden bei den *pagani* (Heiden) auf dem Land entstanden, als das Christentum schließlich zur Staats- und Volkskirche wurde, zeigte sich der Mangel dieser Verwurzelung: Das religiös zunehmend funktionslos gewordene Haus, eine kirchlich funktionslose Familie, war immer weniger in der Lage, den christlichen Glauben auf angemessene Weise weiterzugeben. Schon in den späten Schriften des Neuen Testamentes zeichnet sich deshalb eine Entwicklung ab, bei der immer mehr den institutionalisierten Ämtern, die von Männern ausgeübt werden, der Vorzug vor den freien Geistbegabungen, den Charismen, gegeben wird. Das Verhältnis zwischen Freiheit und Autorität verschiebt sich zugunsten der Leitungsautorität des Episkopos / Bischofs und des Presbyteriums.

Kirche wird zu einer Institution, die man verwalten muß und die zu diesem Zwecke in erster Linie Beamte, mit Vollmacht ausgestattete beamtete Amtsträger braucht. Die Kirche verliert ihren ursprünglichen Bewegungscharakter; sie wird zum Amtsbezirk, zur Diözese, um die herum es Pfarreien (von gr. paroikíai = Darum-herum-Wohnende) gibt, die mit- »versorgt« werden müssen. Zu einem Amt gehören klar definierte Zuständigkeiten und Zuständigkeitsbereiche. Wer ein Amt hat, hat Macht, übt Herrschaft aus. In der Kirche wird daraus »heilige Herrschaft«: die Hierarchie.

Schon in der frühen nach-neutestamentlichen Zeit wird die Kirche immer mehr zur Sache der Hierarchie, während das Volk (die Laien) im selben Maße in die passive Rolle des Zuschauers gedrängt wird, das mit den notwendigen Heilsgütern versorgt und zum »rechten Glauben« angeleitet werden muß. Wenn von der Kirche gesprochen wird, dann geht es jetzt in erster Linie um Fragen der kirchlichen Leitungsautorität und des Lehramtes, es geht um Orthodoxie und Kirchendisziplin und allenfalls nebenbei um das Volk Gottes oder die »königliche Priesterschaft« aller Gläubigen. Aus den gleichberechtigten Bürgern beziehungsweise Glaubensgenossinnen und -genossen der Kirche, die sich ja ursprünglich vom Begriff der demokratischen Volksversammlung herleitet, werden die *Laien*, im Sinne des niedrigen, ungebildeten Volkes, das man anleiten, bevormunden und beherrschen muß, damit es nicht vom rechten Weg abkommt. Begünstigt wird diese Entwicklung durch die drohende Aufsplitterung der Kirche in immer neue Sondergruppen und Sekten. Nur mit Amtsautorität, so scheint es, kann man den Zerfall aufhalten. Die ersten drei Jahrhunderte sind voll von der Sorge um die Bewahrung der Einheit.

Universale Kirche

Es gehört zur Eigenart des christlichen Kirchenverständnisses, daß sich schon die einzelne eucharistiefeiernde Hausgemeinde nicht als Teil eines übergeordneten Ganzen verstand. Sondern, wenn sie das Gedächtnis des Herrn hielt, dann verstand sie sich voll und ganz als Kirche Jesu Christi. Aber dies nicht partikularistisch und exklusiv.

Auch die Versammlung der Christen einer Stadt ist Kirche. So adressiert Paulus seine Briefe zum Beispiel: »an die Kirche Gottes, die in Korinth ist« (1 Kor 1,2) oder »an die Kirchen, in [der Region] Galatien« (Gal 1,2). Die Kirche Gottes sind schließlich alle, die irgendwo auf der Welt den Messias Jesus gewählt haben als »den Weg, die Wahrheit und das Leben« (Joh 14,6), dem sie folgen und an dem sie ihre Hoffnung festmachen. Von Anfang verstehen sich die christlichen Gemeinden als »weltweiter Liebesbund«. Die Gemeinden stehen in einem regen Briefwechsel untereinander. Besonders intensiv sind die Verbindungen mit den Aposteln und Gründergemeinden, auf die sich die einzelnen Ortskirchen berufen. So sind die meisten Paulusbriefe Gelegenheitsschriften, mit denen er auf Anfragen oder Nachrichten aus den von ihm gegründeten Gemeinden reagiert. Die Briefkultur zwischen den Gemeinden und zwischen den Autoritäten der Ortskirchen ist Ausdruck des Bemühens, über Grenzen und Distanzen hinweg die eine Kirche Jesu Christi zu sein und zu bewahren, Streitigkeiten und Lehrunterschiede beizulegen.

Schon im 1. Jahrhundert beginnen sich überregionale Leitungs- und Autoritätsstrukturen herauszubilden. Besonders in Konfliktsituationen beanspruchen die großen Zentren und Kirchenregionen gerne die Führung für sich, indem sie sich auf ihre Gründung durch einen oder mehrere Apostel berufen. Doch der Übergang von der kollegialen zu einer monarchischen Leitung dürfte sich nicht früher als um die Mitte des 2. Jahrhunderts vollzogen haben. Auch »die Kirche von Rom wurde nach dem Tod des Petrus wahrscheinlich zunächst durch ein Kollegium von Presbytern mit *einem* Mann an der Spitze geleitet« (Wilhelm de Vries). Frühe Zeugnisse, wie zum Beispiel der erste Klemensbrief, der gerne herangezogen wird, um die Primatsansprüche des römischen Bischofsstuhls zu belegen, besagen nur, daß Rom in der christlichen Ökumene schon damals einen hervorragenden Platz belegte. Von einem Bischof von Rom ist »mit keinem Wort die Rede«.

Tatsache ist: Die faktische Kirchenverfassung, die sich bis zum Ende der ersten beiden Jahrhunderte herausbildete, ist episkopalistisch; das heißt, die einzelne Ortsgemeinde ist mit ihrem Episkopos weithin autonom. Die Universalkirche ist eine Art Kirchenbund, der sich nach den Erfordernissen der politischen und gesellschaftlichen Verhältnisse regional organisiert. Dabei spielt die Zentrumsfunktion der großen Reichsstädte eine wichtige Rolle. Historisch zeigt sich die Struktur der Autoritäten konkret daran, welchem Bischof es zukommt, andere Bischöfe zu maßregeln, beziehungsweise welcher Bischof andere Bischöfe zu Synoden zusammenruft oder auch herbeizitiert.

Die fünf *Patriarchate* entstehen (mit Ausnahme des Jerusalemer Patriarchats, das eine direkte Folge des Gründungsmythos der Apostelgeschichte darstellt) aus der faktischen Zentrumsfunktion der Metropolen. Alexandrien und Antiochien sind die ersten kulturellen und kirchlichen Zentren der alten Christenheit, wo die Christen auch bevölkerungsmäßig eine bedeutende Minderheit darstellen. Rom und Byzanz erhalten ihre Bedeutung durch ihre Hauptstadtfunktion. Gerade Rom ist aber in der frühen Christenheit keineswegs beliebt, sondern bevorzugt die »Hure Babylon« der Apokalypse.

Während des 1. Jahrtausends stehen sich die Patriarchate und großen Regionalkirchen als gleichberechtigte autonome Kirchen gegenüber. Der Bischof von Rom kann dabei als Vertreter der Reichshauptstadt unter seinen Kollegen zwar den Ehrenvorsitz beanspruchen, aus dem allerdings nicht folgt, daß man in ihm die oberste Leitungsinstanz der Gesamtkirche gesehen hätte.

Die Reichskirche

Erst nach dem Zusammenbruch des römischen Reiches ist der Weg für die Sonderentwicklung des römischen Patriarchats frei, während durch den Niedergang des Ostreiches im Laufe des Mittelalters die östlichen Patriarchate immer mehr an Bedeutung verlieren. Erst im

Mittelalter dann nimmt das Gebilde der römisch-katholischen Papstkirche konkret Gestalt an und führt zu jenem zentralistischen Kirchenkonzept, das die römisch-katholische Kirche seither charakterisiert.

Die »Konstantinische Wende«

Nach drei Jahrhunderten immer wiederkehrender staatlicher Verfolgung wurde die christliche Bewegung schließlich 311 im Osten durch Galerius und dann 313 durch Konstantin und Licinius im Westen des Imperium Romanum zur *religio licita*, das heißt zur erlaubten Religion erklärt. Grundlage der in Mailand beschlossenen Reichskonstitution war allerdings nicht die Vorherrschaft des Christentums, sondern die allgemeine Toleranz aller religiösen Kulte und ihrer Einrichtungen. Das Christentum war allen Unterdrückungsmaßnahmen zum Trotz zu einer so starken kulturellen und sozialen Kraft im maroden Imperium geworden, daß allein schon politische Klugheit und Staatsraison geboten, die Christen in die Verantwortung für das Imperium einzubeziehen. 325 gelangte Konstantin zur Alleinherrschaft und machte sich mit Tatkraft daran, das Christentum in eine einheitliche, gleichgeschaltete Institution im Sinne seiner Staatsideologie zu verwandeln. Kaiserliche Erlasse empfahlen im Orient die Annahme des Christentums. Richtig hatte Konstantin erkannt, daß nur eine neue, alle Grenzen der Sprache, Kultur und Rasse übergreifende, einheitliche Philosophie oder Religion das Reich vor dem endgültigen Auseinanderbrechen bewahren konnte.

Aber das Christentum jener Zeit war gerade im oströmischen Reichsteil zutiefst zerstritten und gespalten. Die Kirche war alles andere als eine einheitliche Größe. Nicht nur daß es de facto keine gesamtkirchliche Autoritätsstruktur gab, neben den Kirchen der Ökumene, der Großkirche, gab es eine Vielzahl konkurrierender, teils schismatischer, teils häretischer Kirchen. Innerhalb der Großkirche tobte der theologische Streit um das Christusverständnis des Arius. Je mehr dem Christentum die staatstragende Rolle im Imperium Romanum zukam, um so weniger Unruhe schien im Inneren erträglich.

Die Orthodoxie: Zwang zur »Rechtgläubigkeit«

Niemand hatte die Macht, die streitenden Parteien an einen Tisch zu bringen, als der zum Alleinherrscher aufgestiegene Kaiser. Und so zitierte Konstantin 328, drei Jahre, nachdem er den Gipfel der Macht erklommen hatte, die Bischöfe des Reiches nach Nikaia – einer kleinen Garnisonsstadt in unmittelbarer Nähe der neuen Reichshauptstadt Byzanz. Das »Konzil von Nikaia« bedeutet für die Geschichte des christlichen Bekenntnisses einen epochalen Einschnitt. Unter dem Kaiser als dem höchsten Souverän der Christenheit wird die Kirche zur Reichskirche. Der Imperator selbst führt den Vorsitz im ökumenischen Konzil. Es ist seine Theologenkommission, welche die zu entscheidenden Lehrvorlagen in die Versammlung der Bischöfe, Priester und Laien einbringt. Der dann beschlossene Konsens wird zum Reichsgesetz, Dogma, erklärt und als Bekenntnis allen Christen unter Strafe zu glauben vorgeschrieben. Das Credo, das Glaubensbekenntnis, wurde damit gewissermaßen zum Test für die Rechtgläubigkeit.

Allerdings war das Konzil von Nikaia mit seinem Bemühen, allgemeinverbindliche, abfragbare Glaubenssätze einzuführen und durchzusetzen, nur bedingt erfolgreich. Es sollte noch einmal dreihundert Jahre dauern, bis diese Vorstellung von Orthodoxie tatsächlich zum Maßstab kirchlichen Christentums geworden war. Nikaia markiert freilich nicht nur den Anfang vom Ende der relativen innerkirchlichen Toleranz, die notgedrungen bis dahin im Christentum geherrscht hatte, weil keine politische Schutzmacht die Großkiche beim Kampf gegen die Häretiker unterstützte. Die Bevorzugung des großkichlichen Christentums durch Konstantin den Großen ließ auch schon das Ende der kaum erklärten Toleranz für die anderen Religionen erahnen. Mit anderen Worten: Unter den Söhnen Konstantins bekam »die kaiserliche Religions- und Kirchenpolitik einen *despotisch-fanatischen Zug*« (Karl Heussi).

Es kam zu einer christlichen »Kulturrevolution«. Tempel wurden geschändet, Bibliotheken gebrandschatzt, Synagogen zerstört, Zehntausende von Nichtchristen ermordet. Aber dies waren nicht nur Auswüchse eines außer Rand und Band geratenen Mobs, sondern der Staat selbst sorgte für die »gesetzlichen« Grundlagen: 346 wurden per Staatserlaß die Tempel geschlossen und die Opfer eingestellt, 356 die Teilnahme an Opferkulten unter Todesstrafe gestellt. 380 hob Kaiser Theodosius die Religionsfreiheit auf und erklärte das Christentum zur alleinberechtigten Staatsreligion und Staatskirche.

Was auf das Religionsedikt vom 28. Februar 380 folgte, läßt sich in einem Satz zusammenfassen: »Künftig mußte jeder Römer Christ, und zwar orthodoxer Christ sein; Heidentum und Häresie waren zum Staatsverbrechen geworden« (Heussi). Den Imperatoren schwebte eine gleichgeschaltete, staatstragende und staatsdienende Kirche vor. Kirchen, die sich der staatlichen Orthodoxie nicht beugen wollten, etwa die über das ganze Reich verbreiteten Kirchen der Novatianer und Montanisten, wurden zerschlagen: die Priester gefangen, Kirchen und Klöster dem Erdboden gleichgemacht, die Gläubigen verfolgt oder aus dem Reich vertrieben. Auch für die judenchristlichen Gemeinden in Galiläa und Transjordanien war kein Platz mehr im Imperium Romanum.

Die Volks- und Kleruskirche

Für das Christentum am folgenreichsten war die Umkehrung der Blickrichtung in der Kirche, die sich aus dieser Entwicklung ergab. Die Ortsgemeinde bestand nun nicht mehr aus einem föderalistischen System selbständiger Hausgemeinden mit eigenen Traditionen und Entstehungsgeschichten, sondern die Ortsgemeinde mit ihrem Presbyterium, mit ihrem Bischof war jetzt der Ort, von dem aus Kirche theologisch konzipiert wurde. Das kirchliche Amtsverständnis beginnt sich immer stärker wieder am jüdischen und heidnischen Opferpriestertum zu orientieren. Dies, obwohl der Hebräerbrief Jesu Tod als das Ende allen Opferkultes verkündet hatte (vg. Hb 9,11–10,18). Dies hing damit zusammen, daß die mittelalterliche Theologie die

Eucharistie zu einer kirchlichen Opferhandlung umdeutete. Der Blick ging in der Kirche nicht mehr von »unten« nach »oben«, sondern immer mehr von »oben« nach »unten«. Die Ortsgemeinde stellte man sich jetzt als Basis der Kirche vor, während die kleineren, überschaubaren ekklesialen Einheiten, wie sie vor allem das christliche Haus darstellte, theologisch bedeutungslos wurden.

Hier bereitet sich ein grundsätzlicher Wechsel der Pastoralkonzeption von einem gemeinschaftsorientierten missionarischen zu einem betreuungsorientierten rechtgläubigen Konzept vor. Der Bischof ist der »Aufseher« über die Gemeinde. Das Presbyterium, das heißt der Ältestenrat, ist nicht mehr nur der Ort, wo Dienstleistungen für die Gemeinde geplant und koordiniert werden, sondern Kontrollorgan, das über Rechtgläubigkeit, Wohlverhalten und Disziplin der einzelnen Gemeindeglieder und Häuser wacht.

Ein untrügliches Signal dieser Wende war das Phänomen der Kindertaufe. War sie bisher die Ausnahme gewesen und die Erwachsenentaufe die Regel, so wurde jetzt die Kindertaufe zur Regel. Die Kirche wird zur *Volkskirche*. Man wird Christ durch Geburt. Man kann Christ werden, ohne sich je wirklich für den Weg Jesu Christi zu entscheiden. Je weiter die Zeit fortschreitet, um so weniger ist jene Volkskirche noch Kirche des Volkes, das seine Bischöfe und Priester aus seiner Mitte wählt, sondern von der Hierarchie veranstaltete Kirche *für* das Volk: die entmündigten Laien.

Die mittelalterliche Papstkirche

Schon im Laufe der ersten drei Jahrhunderte war eine episkopale Kirchenstruktur mit hierarchischem Anspruch entstanden. Sie entwickelte sich fort zu jener Patriarchal- und Metropolitanverfassung, die noch heute das Erscheinungsbild der orthodoxen Kirche bestimmt. Aber die alte Kirche war eine polyzentrische Kirche, gegliedert in praktisch gleichberechtigte Patriarchate, um die sich die von ihnen aus gegründeten Metropolien oder Erzbistümer scharten. Wichtigstes Instrument der Konsensfindung waren die regionalen Synoden. Erst Kaiser Konstantin schuf mit dem allgemeinen ökumenischen Konzil ein einheitliches synodales Verfassungsorgan für die gesamte römische Reichskirche.

Die *Papstkirche* hingegen ist eine Folge der zunehmenden Isolation des römischen Patriarchats durch die Teilung des Imperiums in ein lateinisch-westliches und ein griechisch-östliches Reichsgebiet. Der unaufhaltsame Niedergang und schließliche Untergang des Weströmischen Reiches in den Wirren der Völkerwanderung bedeutete für die Westkirche zunächst eine Katastrophe: Die große nordafrikanische Kirche, die lange mit dem römischen Patriarchat um den Vorrang gestritten hatte, verschwand; die gallische und die spanische Kirche wurden auf einige Zentren zurückgedrängt; die einwandernden germanischen Stämme gehörten, sofern sie nicht Heiden waren, der arianischen Kirche an. In dieser Situation kam dem römischen Patriarchat eine geradezu lebensrettende Bedeutung zu. Nach dem Zerfall der kaiserlichen Staatsmacht erhielt das Amt des römischen Patriarchen beziehungsweise Papstes immer mehr eine politische Dimension. Unter großen Päpsten wie Leo dem Großen (440–461) und Gregor dem Großen (590–604) entstanden erste Konturen einer zentral von Rom aus organisierten und geführten lateinischen Kirche. Sie erlebte ihren ersten Höhepunkt am Weihnachtsfest des Jahres 800 mit der Kaiserkrönung Karls des Großen in Rom. Dadurch war faktisch das weströmische Reich jetzt germanischer Nation und damit die westliche Reichskirche wiederhergestellt. Die daraus resultierende Entfremdung zwischen Rom und Byzanz führte im Jahre 1054 zum Bruch zwischen der lateinischen Westkirche und der griechischen Ostkirche.

Freilich blieb die politische Führungsrolle, welche die Päpste nun auch gegenüber dem Kaisertum beanspruchten, nicht lange unbestritten. Es folgte der mittelalterliche »Investiturstreit« um die politische Mitwirkung des Kaisers bei der Besetzung wichtiger Bischofsstühle. Das Ergebnis war, daß Papsttum und Kaisertum gleichermaßen geschwächt wurden und sich das innerkirchliche Schisma zwischen Klerus und Laien vertiefte. Bonifatius VIII. (1294–1306) verstieg sich sogar in seiner Bulle »Clericis laicos« dazu, zu behaupten, Klerus und Laien seien Feinde von Anfang an.

Durch die Jahrhunderte nimmt der römische Zentralismus in der Westkirche immer mehr zu, verstärkt noch seit der Reformation. Erst die Auseinandersetzung mit der Aufklärung und mit dem Daseinsverständnis der Moderne führte jedoch zu jener Zuspitzung auf ein absolutes Wahrheitsmonopol des kirchlichen Lehramtes, wie es die Lehre von der »päpstlichen Unfehlbarkeit« in Fragen des Dogmas und der Moral anläßlich des Ersten Vatikanischen Konzils 1870 festzuschreiben versuchte.

Die Kirche wird einseitig aus römischer Warte betrachtet. Der ganzen Welt in ihrer kulturellen und geschichtlichen Vielfalt wird damit imperialistisch ein uniformes römisch-lateinisches Christentum aufgenötigt.

In Wahrheit ist die Verfassung der Kirche keineswegs unabänderlich, auch wenn gewisse Grundstrukturen in der Logik des Evangeliums begründet sind. Auch wenn man bei einigem Nachdenken schließlich doch bei der Überzeugung bleiben mag, daß die Weltkirche eine angemessene Gesamtkirchenleitung und einen »Petrusdienst« braucht, zeigt sich doch ein weiter Spielraum dafür, wie dieser Dienst gestaltet und aus welcher Perspektive er gesehen werden kann.

Reformatorische Kirche

Die Krise der mittelalterlichen Kirche

Im Laufe des Mittelalters hatte sich die Kirche immer mehr in eine Klerus- und Mönchskirche verwandelt. Theologie war in erster Linie Sache der Klöster und Universitäten. Die religiöse Bildung des einfachen Volkes, der Laien wie auch des niederen Klerus ging über die gemalte Bilderbibel der sakralen Kunst kaum hinaus: Wallfahrt, Wunderglauben, Reliquienkult, Heiligenverehrung und Marienfrömmigkeit sowie das kirchliche Stiftungs- und Ablaßwesen bestimmten das religiöse Leben der Menschen, die sich vor allem vor der ewigen Verdammnis fürchteten. Schon im 14. Jahrhundert hatten bedeutende Theologen und Philosophen wie John Wyclif (1330–1384) diese Deformation des Christentums in beißender Schärfe abgemahnt. Kirchliche Reformer allerdings mußten damit rechnen, daß ihnen die Inquisition den Prozeß machte. 1415 wurde der böhmische Reformator Jan Hus vom Konstanzer Konzil zum Tode verurteilt und auf dem Scheiterhaufen verbrannt.

Großen Schaden hatte das Ansehen der Kirche freilich schon durch das Abendländische Schisma genommen. Wegen der andauernden Wirren im Rom des 13. Jahrhunderts waren die Päpste ins französische Avignon ins Exil gegangen. Die Folge davon war, daß am Ende drei Päpste, die von unterschiedlichen Koalitionen unterstützt wurden, den Stuhl Petri beanspruchten. Das Schisma forderte zur grundsätzlichen Auseinandersetzung um den päpstlichen Machtanspruch heraus. Dem Konzil von Konstanz (1414–1418) gelang es schließlich mit Hilfe der konziliaristischen Theologie, die das Konzil als oberste gesetzgebende Instanz in der Kirche definierte, das Schisma zu beenden. Die angestrebte Reform der Kirche an Haupt und Gliedern blieb allerdings sowohl in Konstanz als auch auf dem Basler Konzil (1431–1449) ergebnislos.

Martin Luther und die Reformation

An der Wende zum 16. Jahrhundert war der Ruf zur Kirchenreform endlich so unüberhörbar geworden, wie der Unmut über die offensichtliche Reformunwilligkeit der Hierarchie. Ohne diese Situation wäre die ungeheure Faszination, die von Martin Luther (1483–1546) und seiner Theologie ausging, kaum zu verstehen. Luthers theologische Sprache ist die Sprache persönlicher Betroffenheit, eine Sprache des Herzens, persönlichen Ringens um Gottes Zuwendung. Er stand für einen Weg, ein Verständnis des Christentums, das aus seiner eigenen Erfahrung mit der Heiligen Schrift stammte: eine Erfahrung, in der sich unzählige Männer und Frauen seiner Zeit wiederfinden konnten. Eine neue Möglichkeit, eine neue Weise des Christseins zeigte sich an.

Nur vor diesem Hintergrund wird es verständlich, daß die Rückkehr der Kirche zum Evangelium, wie Luther es besonders in den Schriften des Paulus im Neuen Testament wieder entdeckte, tatsächlich zu einer neuen Form, einem neuen Paradigma des Christentums führte, das sich in entscheidenden Punkten vom mittelalterlichen Christentumsverständnis abhebt:

- »Gegen all die im Laufe der Jahrhunderte hinzu gewachsenen Traditionen, Gesetze und Autoritäten stellt Luther den *Primat der Schrift*: ›allein die Schrift‹ (›sola scriptura‹).«
- »Gegen all die tausend Heiligen und abertausend amtlichen Mittler zwischen Gott und den Menschen stellt Luther den *Primat Christi*: ›allein Christus‹ (›solus Christus‹)!«
- »Gegen alle kirchlich verordneten frommen religiösen Vorleistungen und Anstrengungen des Menschen (›Werke‹) zur Erlangung des Seelenheils stellt Luther den *Primat der Gnade und des Glaubens*: ›allein die Gnade‹ (›sola gratia‹) des gnädigen Gottes, wie er sich in Kreuz und Auferweckung Jesu Christi gezeigt hat, und den bedingungslosen Glauben des Menschen an diesen Gott, sein unbedingtes Vertrauen in ihn (›sola fide‹).« (Hans Küng)

Luther ging es keineswegs lediglich um privaten Seelenfrieden oder die Bekehrung des einzelnen. Sein Anliegen war eine Kirche, die im Geiste des Evangeliums lebt. Es ging ihm um eine Reform an Haupt *und* Gliedern, welche ihre ganze Kraft darauf setzt, die sakramentale Praxis, den Umgang mit dem einzelnen Gläubigen, ihr Ethos und ihr Recht so umzugestalten, daß sie tatsächlich der souveränen personalen Gottesbeziehung jedes einzelnen Christen jene geschuldete Würde zugesteht, die ihr Christus gegeben hat. Dieses Ansinnen war eine ungeheure Provokation.

Die Katholische Reform

Das spätere »katholische Reformkonzil« zu Trient (1546–1563) kam zu spät, um die Einheit der römischen Kirche wiederherzustellen, und ihm war tatsächlich auch weniger an einem Ausgleich als an der Abgrenzung gegen die Reformation gelegen. Zwar hat das Konzil einige wichtige Reformanliegen aufgenommen, aber das eigentliche Ziel und die wichtigste Sorge der römischen Kurie war letztlich die Konsolidierung der katholischen Kirche, die Festschreibung der unumschränkten päpstlichen Jurisdiktion und Vollmacht über die ganze Kirche. Einzelne Konzilstheologen, darunter sogar Kardinäle wie Girolamo Seripando und Reginald Pole, hatten sich dafür eingesetzt, die berechtigten theologischen und exegetischen Einsichten der zeitgenössischen katholischen und reformatorischen Theologie zuzulassen. Das Konzil hat nicht auf sie gehört. Das »Augsburger Bekenntnis« von 1530, das die reformatorische Sache auf maßvolle und gesprächsbereite Weise darstellte, hätte nach heutigem Ermessen durchaus als Grundlage für eine Versöhnung dienen können. Aber man wollte damals nicht den Frieden, sondern von beiden Seiten vor allem die eigene Sache durchsetzen. Damit war die Kirchenspaltung perfekt.

450 Jahre sollte es dauern, bis Katholiken und Protestanten sich endlich entscheiden konnten, über die nach dem Dreißigjährigen Krieg im Westfälischen Frieden von 1648 gefundene polemische Koexistenz hinauszugehen, um in einer Zeit, in der nun das Christentum selbst in der Gesellschaft zunehmend in Frage steht, das alle Christen Verbindende in einer gemeinsamen ökumenischen Anstrengung neu zur Sprache zu bringen.

VERTIEFUNGEN

Christliche Lebenspraxis

Im Neuen Testament steht nicht der institutionelle Aspekt von Kirche im Vordergrund. Die Jesusbewegung hat ja nicht nur eine Botschaft; sie lebt und verkündet die Botschaft. Das heißt: Christentum ist, wenn es gelebt wird, in erster Linie eine Lebensform. Christentum, christliches Leben, Christ sein ist gewissermaßen ein *Lifestile*, ein Lebensstil, zu dem wesentlich Gemeinschaft gehört. Christentum ist keine Privatreligion zur Pflege des eigenen Seelenfriedens – obwohl es oft so mißverstanden wird.

Christ ist ein Mensch, für den Jesus Christus »der Weg, die Wahrheit und das Leben« ist. Christ ist also, wer sein Leben in die Nachfolge Christi stellt. »Nachfolge« meint freilich nicht ein »Nachspielen« Jesu. Nachfolge Christi meint: in eigener unverwechselbarer Person, unter den Bedingungen des eigenen Lebens auf eigenständige, kreative Weise das zu sein und zu leben, was Jesus auf seine Art für die Menschen war. Dies versteht sich nicht als gesetzliche Norm, sondern als Ruf in die Freiheit. Christus nachfolgen bedeutet, aus der Verheißung leben, daß auf jeden Tod neues Leben möglich ist, daß es keine Schuld gibt, die nicht vergeben werden kann, daß kein Menschenleben jemals lebensunwert ist. Es gehört zu den besonderen Einsichten des Christentums, daß Leid, Krankheit und Tod, das Scheitern von Lebensplänen, Verlusterfahrungen und persönliche Katastrophen nicht »Strafe Gottes«, nicht Anzeichen für seine Abwendung oder seinen »Zorn« sind, denn der Gott, der sich in Jesus erweist, ist in besonderer Weise ein Gott, der sich um die Armen, Verlassenen, Leidenden, vom Leben Geschlagenen kümmert. Nachfolge bedeutet: seinen Lebensweg in dieser Gesinnung wagen.

So unterscheidet sich christliche Lebenspraxis weniger durch ein besonderes religiöses Regelwerk oder Gesetz, auch nicht durch eine besondere »christliche« Moral, sondern in erster Linie durch die Ausrichtung an Jesus Christus, an seiner Gesinnung, an seinem Geist. Er ist der Grund und die Motivation, so und nicht anders zu handeln. Von da aus entfaltet sich christliche Lebenspraxis auf vierfache Weise:

- in der *Diakonie*: das heißt als Bereitschaft, das eigene Leben in den Dienst am Wohl und am Glück seiner Mitmenschen zu stellen – ohne sich selbst aufzugeben. Souverän und aus freien Stücken wie Jesus sollen Christen ihr Leben teilen mit den Menschen, die sie nötig haben. Einfach deshalb, weil Gott ihnen Anteil an seinem eigenen Leben gibt. Dies ist die Überzeugung, welche Christen motiviert, Verantwortung für das Leben anderer Menschen, der nahen und der fernen, zu übernehmen: Hungernde zu speisen, Dürstenden zu trinken zu geben, Nackten Kleidung, Kranken die nötige Pflege, Gefangene zu besuchen, Fremden Obdach zu gewähren (vgl. Mt 25,31–45). Diese Gesinnung war und ist die Triebfeder für das beeindruckende Engagement der christlichen Kirchen im sozialen Bereich, angefangen bei der Armenpflege der alten Kirche, den Hospizen und Spitälern des Mittelalters, bis zur Caritas und zum Diakonischen Werk unserer Tage;

- durch das *gelebte Zeugnis* in Tat und Wort: »Seid jederzeit bereit, euch vor jedem zu verantworten, der Rechenschaft fordert über die Hoffnung, die ihr in euch tragt – aber in Sanftmut und voll Ehrerbietung.« So ermahnt der erste Petrusbrief die Gläubigen (1 Pt 3,15). Dieses ›Zeugnisgeben‹ meint keine billige Proselytenmacherei. Rechenschaft über die Hoffnung, aus der man lebt, ablegen, bedeutet, ehrlich und ohne Hintergedanken die Gründe und Motive aufzudecken, warum man tut, was man tut. Theologie hat in dieser Aufgabe, in der Verpflichtung, sich verantworten zu müssen, ihren Ursprung. Christliche Zeugenschaft muß von der Erfahrung mit Christus berichten: Warum halte ich mich an ihn; wer ist er für mich, was glauben Christen, was hoffen sie …?

Christliche »Mission« würde sich falsch verstehen, wenn sie sich zum Ziel setzte, andere Religionen zu verdrängen, um sich selbst an ihre Stelle zu setzen. Mission, das heißt christliche Sendung, kann nur dies bedeuten: was einzigartig ist an Jesus und an seiner Botschaft, mit allen Menschen zu teilen, es nicht als Besitz zu betrachten, aber es auch wahrhaftig und beharrlich in Tat und Wort zu bekennen. Die Bibel ist nicht Besitz der Kirchen oder des Christentums, sondern »Erbe der Menschheit«;

* als *Angebot von Gemeinschaft*: Jesus selbst hat Menschen seine Freundschaft angeboten, die oft zu den Gemiedenen, Verachteten, Ausgestoßenen, Abgeschriebenen der Gesellschaft gehörten. Er gab ihnen die Gewißheit ihrer unantastbaren Menschenwürde zurück. Gemeinschaft als Handlungsprinzip christlichen Lebens hat genau dieses zum Ziel – in der Gemeinde und nach außen: Gemeinde soll(te) ein Ort sein, wo jeder Mensch sich, unabhängig vom Ansehen der Person persönlich angenommen, geachtet und geliebt wissen darf. Eine christliche Gemeinde trägt ihren Namen nur dann zu Recht, wenn sie ein Raum und Ort der Vergebung ist, ein Ort, wo Versöhnung und Verzeihung vermittelt, wo Schuld mitgetragen, neues Leben ermöglicht wird;

* im *Gottesdienst*: Gottesdienst ist nach christlichem Verständnis nicht in erster Linie religiöse Pflicht Gott gegenüber, sondern gleichsam Raum / Ort für ›Gottes Dienst‹ an den Menschen. »Der Sabbat« – pflegte Jesus provozierend zu sagen – »ist um des Menschen willen [geschaffen], nicht der Mensch um des Sabbat willen: somit ist der Menschensohn Herr auch des Sabbat« (Mk 2,27–28). Sabbat, der siebente Tag der Schöpfung, ist der Tag, an dem »Gott ruhte von all seinem Werke« und an dem auch Mensch und Tier ihren Frieden haben und die Freude ihrer vollendeten Schöpfungen genießen sollen.

Gottesdienst, vor allem der sonntägliche Gottesdienst, ist deshalb vor allen anderen Motiven Ausdruck der Dankbarkeit für die durch Jesus Christus offenbar gewordene Freiheit der Kinder Gottes, die neue Schöpfung, das neue Leben in Christus. So kann das Gedächtnis des letzten Abendmahles Jesu – die ursprünglichste Form christlichen Gottesdienstes – als ganze als Eucharistie, als Danksagung (gr. *eucharistía*) bezeichnet werden. Es ist nicht so, daß gläubige Christen um nichts zu bitten hätten. Aber Vorbild ihrer Bitte an Gott bleibt stets das »Vater unser«: »Dein Wille geschehe...«. »Wenn ihr betet« – gibt Matthäus Jesus sinngemäß wieder – »dann plappert nicht daher wie die aus den anderen Völkern. Sie meinen ja, durch ihren Wortschwall würden sie erhört. Macht es also nicht gleich wie sie; denn euer Vater weiß, was ihr braucht, ehe ihr ihn bittet.« (Mt 6,7–8)

Wort und Sakrament

Der christliche Gottesdienst hat die Aufgabe, die Botschaft Jesu zu verkünden, seine Geschichte zu erzählen, Danksagung (*eucharistía*) vor Gott zu halten und ihn im Gebet und in den Symbolen des liturgischen Geschehens zu feiern. Die Verkündigung gehört unabdingbar dazu, wenn Christen Gottesdienst feiern. Sie geschieht durch die Schriftlesung und das auslegende Wort der Predigt. Verkündigung macht aber nur Sinn, wenn sie auf Resonanz stößt. Das Wort verlangt nach Antwort. Diese Antwort geschieht im Gebet, das gleichzeitig Ausdruck des Dankes und der Bitte um Gottes Hilfe ist.

Das »Wort« hat im gottesdienstlichen, liturgischen Kontext eine Bedeutung, die in der modernen Kommunikationsgesellschaft zunehmend in Vergessenheit geraten ist: Es wird als schöpferisches Geschehen verstanden. Gottes Wort bewegt, wenn es gehört und vertrauensvoll angenommen wird. Es verändert das Leben. Verkündigung ist verbindliches Wort. Es fordert zur Entscheidung, zum Bekenntnis, zum Handeln heraus. Die Gute Nachricht, das Evangelium, zielt auf den Auszug aus eingefahrenen Bahnen. Es will ermutigen zu offenem, unkonventionellem Denken, alternativem Leben und selbstlosem Handeln.

Wenn der Lektor im katholischen Eucharistiegottesdienst, nachdem er den vorgesehenen Abschnitt aus einem der vier Evangelien vorgetragen hat, der Gottesdienstgemeinde zuruft: »Wort des lebendigen Gottes«, dann will er die Gemeinde daran erinnern: Die Worte, die er gelesen hat, sind zwar von Menschen aufgeschrieben worden, aber sie sind zu hören als Zeugnis über die Botschaft, die Gott durch Jesus Christus den Seinen ausgerichtet hat. Es ist Gott selbst, der die Gottesdienstteilnehmer herausfordert, sich zu versöhnen und sich zu einem »neuen Leben« befreien zu lassen.

Der christliche Gottesdienst kann, ja darf freilich nicht auf das trockene gesprochene Wort reduziert werden. Denn so wissen es schon die Evangelien zu berichten: Jesus war ein meisterhafter Erzähler von Geschichten und Gleichnissen. Doch noch mehr begeisterte – und verärgerte – er seine Zeitgenossen mit symbolträchtigen Zeichenhandlungen. Diese Zeichenhandlungen weckten mehr als seine Worte leidenschaftliche Zustimmung oder grimmige Ablehnung. Die Wunder, von denen die Evangelien berichten, werden nicht erzählt, um die Sensationslust der Leser zu befriedigen – Wunder waren ja für die Menschen von damals etwas ganz »Normales«. Von Appolonius von Thyana, einem griechischen Arzt (geb. 3 vor Chr.), waren Hunderte von Wundergeschichten im Umlauf. Die neutestamentlichen Wundergeschichten werden erzählt als sichtbare Zeichen dafür, daß das Reich Gottes sich ankündigt. Wenn Besessenen böse Geister ausgetrieben werden, dann als Zeichen dafür, daß die Macht des Bösen grundsätzlich gebrochen ist (Lk 4,31–37; Mk 1,21–28). Die Geschichte von der Heilung eines Gelähmten in Kapernaum ist nicht an der medizinischen Sensation interessiert, sondern an der inneren, seelischen Heilung des Kraftlosen: Wenn Gottes Reich kommt, dann spielt es keine Rolle mehr, ob man gesund oder krank ist (vgl. Lk 5,17–26; Mt 9,1–8; Mk 2,1–12). Zeichenhafte prophetische Symbolhandlungen gehören genauso zum Repertoire der Verkündigung Jesu: etwa, wenn er dem Geheilten befiehlt – am Sabbat! – sein Bett nach Hause zu tragen, oder wenn er im Tempel die Tische der Geldwechsler umstößt. Die für das Christentum aber konstituierende Symbolhandlung Jesu ist das letzte Abendmahl; es begründet die Kirche.

Die Verkündigung der guten Nachricht des Evangeliums geschieht deshalb im christlichen Gottesdienst nicht nur durch das gesprochene Wort, sondern mit weit größerer erlebnishafter Tiefe in der Sprache liturgischer Handlungen und Symbole. Symbole bilden eine Brücke des Verstehens, die ein Verstehen aus eigener Erfahrung vermitteln. Es ist etwas anderes, ob mir jemand erklärt, was es mit der sonntäglichen Eucharistie- oder Abendmahlsfeier auf sich hat, oder ob man in Mahlgemeinschaft mit anderen Christen Brot und Wein, die Zeichen der Gegenwart des Messias Jesus, teilt.

Einige dieser gottesdienstlichen Handlungen werden als *Sakramente*, in der Ostkirche als *Mysterien*, bezeichnet. Diese Sakramente sind gewissermaßen sinnfällig sichtbar gemachte Wortverkündigung. Es gibt nun im Christentum zwar höchst unterschiedliche Sakramentsauffassungen; unterschiedlich ist auch die Zahl der Symbolhandlungen, die zu den Sakramenten gezählt werden. Aber dennoch besteht weitgehende Übereinstimmung darüber, daß Sakramente über das Wortgeschehen hinaus eine leibhafte Begegnung mit Gottes Verheißung erschließen, die den einzelnen und die Gemeinde hineinnimmt in das Christusgeschehen. Symbole ermöglichen nicht nur Verstehen, sondern auch Erfahrung, nicht nur rationales Begreifen, sondern auch emotionale Ergriffenheit. Sakramente – so drückte es der berühmteste Theologe des Mittelalters, Thomas von Aquin (1224–1274), aus – »sind Zeichen, die den Glauben bezeugen, durch den der Mensch gerechtfertigt wird (Summa theologiae III, q. 66, a. 4. c). In der sakramentalen Symbolhandlung wird dem Menschen also in einer bestimmten Lebenssituation erlebnishaft vor Augen geführt, was es für ihn hier und jetzt bedeutet, sich vertrauensvoll auf Gott einzulassen.

Allerdings: Das sakramentale Verheißungswort wirkt »nicht, weil es gesagt wird,...sondern, weil ihm geglaubt wird« (Summa theologiae III, q. 66, a. 7, ad 1).

Von der lateinischen Wortbedeutung *sacramentum* her haben sakramentale Handlungen hintergründig immer auch die Bedeutung einer heiligen Selbstverpflichtung vor Gott selbst. Sie haben mit anderen Worten Bekenntnischarakter. Sakramente sind Zeichen, die Gottes Nähe erfahrbar machen wollen, indem sie den Feiernden jetzt schon einen Vorgeschmack »wahren, heilen Lebens« (Franz Schupp) geben und sie ermutigen, aus dieser Verheißung ihre Zukunft zu wagen. Für die römisch-katholische Theologie ist Jesus Christus gleichsam das »Ur-Sakrament«, in dem Gottes Kommen sinnenfällig geschieht an Menschen, die sich nach Sinn und Segen in ihrem Leben sehnen. Für gläubige Christen ist Jesus Christus das unübertreffliche Zeichen und Symbol, in dem Gott selbst ihnen sein Wesen erschließt.

Die katholische Kirche zählt sieben Sakramente: Taufe, Firmung, Eucharistie, Sündenvergebung, Krankensalbung, Ordination und Ehe. Die Kirchen der Reformation zählen auf Grund ihres strikteren Sakramentsbegriffs nur zwei Sakramente: Taufe und Eucharistie, gelegentlich auch die Sündenvergebung. Während diese zwei (oder drei) als unmittelbar von Christus gestiftet gelten, werden andere gottesdienstliche Handlungen wie die Konfirmation, die kirchliche Eheschließung und die Ordination als von der Kirche eingesetzte Segenshandlungen betrachtet.

Christliche Feste

Die Bedeutung und der Einfluß einer Religion auf ihre Anhänger mißt sich nicht an der Höhe ihrer Theologie, sondern daran, wie sie von den Menschen ›er-lebt‹ und ›be-gangen‹ wird im Fest, in den feierlichen, gemeinschaftlichen Erinnerungen an das Heilsgeschehen, dem sie ihre Gründung verdanken. Für das Christentum sind das:

- der Tod Jesu am Kreuz und seine Auferweckung durch und in Gottes Geist. Dies ist der Grund des *Osterfestes*;
- das Offenbarwerden des Geistes Gottes nach der Enttäuschung über den Tod Jesu, das zur Gewißheit führte, daß er doch der von Gott verheißene Messias ist und im Geist in seiner Gemeinde gegenwärtig bleiben wird bis ans Ende der Tage. Dies ist das *Pfingstfest*, in dem die christliche Kirche ihren Ursprung feiert;
- Schon in der Urkirche wuchs das Bewußtsein, daß die Erfahrung der befreienden Nähe Gottes nicht nur für den kleinen Kreis der Jünger gedacht war, sondern eine Botschaft Gottes an alle Menschen darstellt. Jesus ist Wort Gottes für alle. Deshalb feiern die Christen im *Weihnachtsfest* seine Geburt. In Armut geboren, ohne Einfluß, unbeachtet von der Welt, hilflos wie ein neugeborenes Kind kommt Gottes Wort in die Welt, um die Menschen zu gewinnen für sein Projekt einer Geschichte der Freiheit, der Gerechtigkeit und des Friedens;
- das wichtigste und wöchentlich wiederkehrende Fest ist der Tag des Herrn, der *Sonntag*. Er stammt aus der gemeinsamen jüdischen und christlichen Erinnerung an Gottes Schöpfungstat. Der siebente Tag der Woche ist von Gott bestimmt, daß die Menschen seiner gedenken und frei von der Last der alltäglichen Mühsal die Schönheit der Schöpfung genießen. Dieser Tag der Ruhe und Unbeschwertheit ist für die christlichen Kirchen auch der bevorzugte Tag, das Gedächtnis des letzten Abendmahles Jesu zu begehen in der Feier der Eucharistie, des Abend- oder Herrenmahles. Dieser wöchentliche Feiertag, der Sabbat / Sonntag, ist vielleicht das größte und eindrücklichste Geschenk, das Juden und Christen der Welt gemacht haben.

Die christlichen Kirchen haben daneben jede auch besondere Feiertage, Katholiken und Orthodoxe verehren außerdem hervorragende Leitgestalten als ›Heilige‹ mit eigenen Festen.

Gott und Mensch

Nicht weniger als das jüdische und das islamische ist auch das christliche Menschenbild zwiespältig. Während das erste Schöpfungslied (Gen 1,27) den Menschen (adām) von vornherein als »Frau *und* Mann« geschaffen sieht, erzählt das (ältere) zweite von der Erschaffung der Frau »als Gehilfin des Mannes« aus seiner Seite (Gen 2,20–23). So wird die Frau zwar als dem Manne ebenbürtig, aber ihm gleichzeitig untergeordnet beschrieben. Diese Unterordnung versteht das Alte Testament als Folge einer im Paradies begangenen Ursünde. Sie begründet den ausgeprägten Patriarchalismus des Judentums.

Jesus von Nazareth praktizierte demgegenüber eine frauenfreundlichere Praxis. Schockierend war, daß er Frauen in seiner Begleitung duldete, ja vielleicht sogar als Schülerinnen annahm, was für seine Zeit von keinem anderen Rabbiner berichtet wird.

Es scheint, daß in der Urkirche Frauen zunächst tatsächlich eine herausragende Rolle spielten. So ermahnt Paulus im Galaterbrief die Gemeinden, daß sie durch den Glauben an den Christus Jesus alle Söhne/Töchter Gottes seien. Deshalb gelte: »Es gibt nicht mehr Juden und Nicht-Juden, nicht Sklaven und Freie, nicht Mann und Frau; denn ihr alle seid ›einer‹ in Christus Jesus.« (Gal 3,26–28) Allerdings hat der Apostel Paulus selbst in anderen seiner Briefe wieder auf der Unterordnung der Frau unter den Mann bestanden. In einem langen Abschnitt des 1. Korintherbriefes (1 Kor 11,3–16) begründet er mit höchstem theologischem Einsatz, weshalb Frauen zumindest beim Gebet und in der Gemeinde ein Kopftuch zu tragen hätten. Nämlich: »Ein Mann soll sein Haupt nicht verhüllen, da er Abbild und Abglanz Gottes ist; die Frau aber ist Abglanz des Mannes.« (1 Kor 11,7) Hier vertritt Paulus also eine ganz klare Hierarchie: Gott – Christus – Mann – Frau. Eine Frau entehrt, wie er meint, ihr Haupt, wenn sie unverhüllt betet, weil sie sich vor Gott eine Stellung anmaßt, die ihr nicht zukommt. Während also zum Beispiel der Koran muslimischen Frauen den Schleier aus Gründen der Sittsamkeit nahelegt, begründet Paulus seine Kopftuchvorschrift mit der geschöpflichen Nachrangigkeit des weiblichen Geschlechts. Erst im 20. Jahrhundert konnte es deshalb zu einer nennenswerten Emanzipationsbewegung der Frauen innerhalb des Christentums kommen, nachdem die Methode der historisch-kritischen Bibelauslegung eine strengere Unterscheidung von ursprünglicher Botschaft und zeitbedingten Vorstellungen ermöglichte.

Sexualität

Für das Alte Testament und das Judentum sind Sexualität und sexuelle Lust ein Geschenk Gottes. Die Sexualität wird allerdings ganz im Zusammenhang mit der Zeugung verstanden. Kinderlosigkeit gilt als Strafe Gottes, Ehelosigkeit als Sünde. Homosexualität wird als Vergehen gegen Gottes Bestimmung geächtet. Die jüdische Gesellschaft ist streng patriarchalisch. Ehebruch wird rigoros bestraft, nicht aus ethischen oder sozialen Gründen, sondern weil er das Besitzrecht des Mannes auf die Frau verletzt. Das Christentum unterscheidet sich von diesen Vorstellungen zunächst kaum, aber es kommt in der Nachfolge Jesu zu einer neuen Bewertung. Nicht mehr das Gesetz steht im Vordergrund, sondern das Ethos, die persönliche Verantwortung des Menschen vor Gott. An die Stelle vergeltender Strafe tritt die Umkehr des Sünders und die Vergebung.

Daß das Christentum über weite Strecken seiner Geschichte ein gestörtes Verhältnis zur Sexualität entwickelte, hat andere Gründe. Jesus selbst war nach dem Zeugnis des Neuen Testamentes unverheiratet gewesen und hatte damit ein Beispiel gegeben, daß entgegen der traditionellen jüdischen Überzeugung auch Ehe- und Kinderlose, ja selbst Eunuchen Gottes Freundschaft erlangen können. Bereits bei Paulus kommt es aber zu einer eindeutigen Bevorzugung der Ehelosigkeit beziehungsweise des Zölibats. Der Glaube, daß Jesus nicht von einem Manne gezeugt worden sei, sondern direkt von Gott herstamme und ihn seine Mutter, Maria, als Jungfrau geboren habe, verstärkte den Eindruck, im Angesicht der kommenden Gottesherrschaft sei es besser, nicht zu heiraten. Diese sogenannte Jungfrauengeburt ist ein in der antiken Welt weit verbreitetes Motiv, das die besondere göttliche Bestimmung eines Menschen unterstreicht. Hinzu kommt in der alten Kirche ein starker Einfluß neuplatonistischen Denkens, das sich in der Spätantike in einer dualistischen und zunehmend pessimistischen Sicht der Sexualität niederschlägt. Sie förderte untergründig eine »schwarze Erotik des Verbots« (Ulrich Beck). Alles, was mit Sexualität zu tun hatte, geriet in den Geruch der Sünde.

Im Mittelalter führte die Abwertung von Ehe und Sexualität zu einer überzogenen Idealisierung der Enthaltsamkeit (auch in der Ehe!). Vollkommenheit schien nur im jungfräulichen, ehelosen Leben der Mönche und Nonnen erreichbar. Seit dem 11. Jahrhundert besteht außerdem für Priester der Westkirche ein Heiratsverbot, an dem die katholische Amtskirche bis heute festhält. Seit dem Hochmittelalter kommt es allmählich zu einer positiveren und ganzheitlicheren Sicht der Sexualität. Doch sind in den christlichen Kirchen die moralischen Bedenken gegenüber freigelebter (nichtehelicher) oder gleichgeschlechtlicher Sexualität bis heute nicht überwunden. Bis heute versucht vor allem die römisch-katholische Kirche die Einführung alternativer Rechtsformen für gleichgeschlechtliche und nicht-eheliche Lebenspartnerschaften (eingetragene Gemeinschaft) politisch zu verhindern oder zumindest zurückzudrängen.

Ehe und Familie

Während in der antiken Welt Eros und Sexualität oft vergöttlicht, Ehe und Familie in einen mythisch-kultischen Zusammenhang gestellt wurden, gehörten sie nach jüdischer und christlicher Auffassung schlicht zur natürlichen Schöpfungsordnung. In ihr begründet Jesus auch die grundsätzliche Monogamie und Unauflöslichkeit der Ehe

(Mt 19,3–9). Allerdings läßt sich aus dem Schöpfungsbezug kein bestimmtes Ehe- und Familienmodell ableiten. Partnerschaft, Ehe und Familie erweisen sich in hohem Maße als Angelegenheit der sozialen Gestaltungsfreiheit. Der interkulturelle Vergleich zeigt unterschiedlichste Verwandtschafts-, Familien- und Ehemodelle, die alle denselben Zweck verfolgen: das kostbarste Gut der Gesellschaft zu schützen, in dem allein sie ihre Zukunft hat – die Kinder.

Weil von der Stabilität von Ehe und Familie so viel abhängt, ist es nur logisch, daß sie in den meisten Religionen ein wichtiges Thema darstellen. Im Christentum wird die Ehe in enge Beziehung zu Gottes Heilszusage gebracht. Die gegenseitige Treue von Mann und Frau soll gelebte Antwort auf Gottes Treue zu den Menschen sein. Schon im Neuen Testament finden wir deshalb Stellen, welche die Ehe in das Heilsgeschehen einbeziehen. Eph 5,21–33 setzt in seiner Haustafel für die Eheleute das Eheversprechen von Mann und Frau in enge Beziehung zu ihrer Christusbeziehung. Die menschliche Ehe wird damit zu einem Symbol für die Treuebeziehung Gottes beziehungsweise Christi zur Kirche. Aus dem Brauch, die Brautleute anläßlich der Eheschließung im Familienkreis zu segnen, entwickelte sich ein reiches Trauungsritual, das seit dem 4. Jahrhundert auch im Rahmen einer Brautmesse gefeiert werden konnte. Die Eheschließung selbst sollte nach der Rechtsform des jeweiligen Landes erfolgen. Das Zweite Laterankonzil (1139) zählte die Ehe erstmals offiziell zu den Sakramenten der Kirche (DH 718).

Vor schwierige soziale Probleme stellten die sogenannten *klandestinen* (heimlichen) Ehen die mittelalterliche Gesellschaft. Da sie keine Rechtsform hatten, gerieten verlassene Frauen mit ihren Kindern oft in eine hoffnungslose Situation. Das Konzil von Trient (1545–1563) schrieb deshalb die kirchliche Eheschließungsform als verbindlichen Rechtsakt für das gültige Zustandekommen einer Ehe vor. Martin Luther (1483–1546) und die Reformation stellten sich gegen eine solche Verkirchlichung der Eheschließung: Die Ehe ist ein »weltlich Ding«.

Nach dem gemeinsamen ökumenischen Verständnis hat die Ehe für Christen gleichwohl einen religiösen Sinn. Sie steht unter Gottes Schutz und Segen. So verstanden kann die alltägliche Partnerbeziehung nach katholischem und evangelischem Verständnis zum Lebenshorizont der Christusbegegnung werden. Dies schließt nicht aus, daß Ehen trotzdem scheitern können. Mit Ausnahme der katholischen Kirche lassen deshalb die meisten christlichen Kirchen eine Ehescheidung zu und gestatten unter bestimmten Bedingungen eine Wiederverheiratung Geschiedener.

Religion und Wissenschaft

Eine Spur des Mißtrauens, der Mißverständnisse, Verdächtigungen, der Vorurteile und Verurteilungen zieht sich durch das Verhältnis von Religion und Naturwissenschaft. Die Verurteilung des Astronomen Galileo Galiläi, die Verbrennung des hochangesehenen Philosophen Giordano Bruno in Rom, der bis heute andauernde erbitterte Kampf evangelikaler Christen gegen Charles Darwin und das von ihm begründete evolutionistische Weltverständnis sind nur drei Schlaglichter eines unheilvollen Streites zwischen Naturwissenschaft und Glauben, der seit dem Beginn der Neuzeit die Geister spaltet. Amerikanische Kreationisten versuchen, die Erschaffung der Erde in sieben Tagen per Gerichtsbeschluß als offizielle Lehre an den Schulen durchzusetzen. Und selbst auf der katholischen Seite melden sich Befürworter eines sogenannten »Intelligent Design« des Universums zu Wort, das den biblischen Schöpfungsglauben wissenschaftlich begründen und »retten« soll. Allerdings geht auch dieser Begründungsversuch von einer Glaubensvoraussetzung aus, nämlich der Existenz eines göttlichen Designers, der als empirisches wissenschaftliches Faktum eben gerade nicht festzumachen ist. Der (unnötige) Gegensatz zwischen Wissenschaft und Glaube kann durch eine solche Vermischung der empirisch-naturwissenschaftlichen und der religiös-theologischen Erkenntnisebenen nicht behoben werden. Selbstverständlich wird sich für den Menschen als Beobachter und Interpret des kosmischen Evolutionsprozesses immer herausstellen, daß der Kosmos und seine Gesetzmäßigkeiten gerade so eingerichtet sind, daß es uns gibt. Wäre dem nicht so, wäre niemand da, der die Frage stellte, warum dem so ist.

Die Ursache des Konflikts um das »richtige« Verständnis von Schöpfung und Evolution – an diesen Themen zeigt sich der Konflikt zwischen Religion und Wissenschaft am erbittertsten – liegt am Verständnis der Bibel. Nach traditioneller Vorstellung sollte Gott den gesamten Text der Bibel wortwörtlich den biblischen Schriftstellern diktiert haben (Wortinspiration). Daher durfte sich die Bibel auch in Aussagen, die das naturwissenschaftliche Weltbild betrafen, nicht irren. Galileo Galiläi (1564–1642) wurde nicht deshalb zum Ketzer erklärt, weil er sich ein Fernrohr baute, um den Himmel zu betrachten, sondern weil er behauptete, mit seinem Instrument zu beweisen, daß das biblische Weltbild falsch und das heliozentrische des Nikolaus Kopernikus (1473–1543) zutreffend sei. Die neuzeitliche Naturwissenschaft beanspruchte also einen Raum autonomer Erkenntnis. Und das Mißtrauen der Kirchen war nicht unbegründet, daß eine solche säkulare Denkweise die traditionelle Gestalt von Glaube, Religion und Kirche in Frage stellte. Charles Darwins (1809–1882) Evolutionstheorie dann widersprach völlig der bibilischen Schöpfungslehre, indem sie nachwies, daß die Schöpfungsgeschichte unmöglich so abgelaufen sein konnte, wie sie die biblischen Schöpfungserzählungen darstellten. Die Kirchen, die auf ihrem Bibelverständnis beharrten, verkämpften sich in erfolglosen Rückzugsgefechten und trugen so selber zur Meinung bei, daß Naturwissenschaft und Religion prinzipiell unvereinbar seien.

Erst das Aufkommen der historisch-kritischen Methode in der Bibelexegese führte zu einer gewissen Entspannung. Die historische Kritik erlaubt es, die eigentliche religiöse Botschaft von ihrem zeitbedingten Horizont zu unterscheiden und auf diese Weise für die Gegenwart glaubhaft zum Sprechen zu bringen. Richtig verstanden brauchen Religion und empirische Wissenschaft sich also durchaus nicht zu widersprechen; sie dürfen es gar nicht, wenn sie die Wirklichkeit als Ganze ernstnehmen. Es gibt nur die eine Wirklichkeit: So betrachtet gibt es zwar verschiedene Wege, um das Geheimnis der Welt und des menschlichen Daseins zu erforschen. Aber das Ziel ist dasselbe, nämlich zu einem Verstehen des Ganzen zu kommen. Dies ist nicht leicht zu erreichen, denn ob Theologe oder Naturwissenschaftler: Was wir wahrnehmen, ist stets abhängig davon, wie wir es sehen. Weder die Theologie, noch die empirischen Naturwissenschaften betreiben voraussetzungslose Wissenschaft. Wissenschaftliche Objektivität findet ihre Grenze stets an der »vorgestellten« Welt des forschenden Geistes. Insofern sind wir stets auf unsere Weise »Gläubige« und Interpreten der Welt, wie wir sie wahrnehmen: als Mathematiker oder Philosophen, Theologen oder Künstler. Wir deuten die Welt nur verschieden aus dem Horizont unserer jeweiligen Interessen, Erfahrungsebenen und Sinnerwartungen. Weder ein wissenschaftsgläubiger noch ein theologischer Fundamentalismus trägt also bei zu einem besseren Verstehen der Welt.

Christliche Ökumene

Das griechische Wort *oikuméne* bedeutet zunächst einfach die bewohnte Erde im Unterschied zur Wildnis. Im Christentum erhält die Ökumene darüber hinaus die Bedeutung der weltweiten Gemeinschaft aller Christen, die sich als religiöse und ethische Alternative zur heidnischen Gesellschaft im römischen Imperium versteht. Die Getauften sollten über die ganze Welt hin »einer in Christus Jesus« sein (Gal 3,28), »ein Volk Gottes« (1 Pt 2,9–10), »der Leib Christi« (1 Kor 11,11–27). Doch diese weltweite ökumenische Einheit ist seit den neutestamentlichen Anfängen ein stets in Frage gestelltes Ideal. Von

Anfang an entwickelte sich das Christentum in verschiedene Richtungen. Schon Paulus mußte sich mit Spaltungen in seinen Gemeinden befassen, und stand wegen seines Weges eines gesetzesfreien, das heißt nicht mehr auf das jüdische Gesetz verpflichteten Heidenchristentums, in ständiger Auseinandersetzung. Von Anfang an stellte sich dem Christentum die schwierige Frage, wie die ursprüngliche Botschaft in verschiedenste Kulturen inkulturiert werden konnte, ohne daß dabei die Identität mit dem Ursprung verloren ging. Mit regelmäßigen Synoden versuchte die alte Kirche, die Einheit zu bewahren oder wiederherzustellen.

Als unter Kaiser Konstantin das Christentum zur zugelassenen Religion erklärt und 380 von Theodosius per Staatsgesetz (Dogma) allen Bürgern zu glauben verordnet wurde, stellte es keineswegs eine einheitliche Bewegung dar. Schismatische Nebenkirchen und Sekten umrankten die katholische Kirche. Erst mit Hilfe der ersten ökumenischen Konzilien gelang es den Kaisern seit 325 (Konzil von Nikaia), einen verbindlichen Kanon der Rechtgläubigkeit (Orthodoxie) durchzusetzen und das Christentum zu einer einheitlichen Staatsreligion zu formen. Die Herrscher setzten mit Gesetzen durch, was der richtige Glaube sei. Aber selbst mit den rüden Mitteln der Interdiktion, Inquisition und Exkommunikation ließ sich die Einheit der Kirche nicht erzwingen. 1054 kam es zum *Schisma* zwischen der griechischen und der lateinischen Kirche, 1518 zur *Reformation* in Deutschland. Weder die Religionskriege noch das Konzil von Trient (1545–1563) vermochten die Einheit wiederherzustellen. Eine zunehmende Zersplitterung der reformatorischen Kirchen setzte ein. Auch die römisch-katholische Kirche zeigt heute Auflösungserscheinungen.

Nun hatte es schon früher Versuche gegeben, die kirchliche Einheit wiederherzustellen, aber erst das 20. Jahrhundert gelangte zur Einsicht: In der pluralistischen Gegenwartsgesellschaft leben die Konfessionen zu nahe aufeinander, als daß sie sich ohne Schaden für die Lebensqualität weiter befehden oder ignorieren könnten. Wirtschaftliche, politische, soziale und familiäre Bindungen zwingen zur Verständigung. Das Anliegen der ökumenischen Bewegung ist es seither, die Kirchen, Konfessionen und Denominationen zu einer weltumspannenden, einigen Kirche aller Christen zusammenzuführen. Den Durchbruch verdankt die ökumenische Bewegung zwei Schlüsselereignissen: der Gründung des »Weltkirchenrates« (ÖRK) 1948 mit Sitz in Genf und dem »Zweiten Vatikanischen Konzil« der römisch-katholischen Kirche (1962–1965).

Über 300 Mitgliedskirchen versuchen im ÖRK konziliare Gemeinschaft in Praxis und Lehre zu erreichen. Die meisten reformatorischen Kirchen Westeuropas haben sich 1972 in der »Leuenberger Konkordie« zusammengeschlossen und gewähren einander Kanzel- und Abendmahlsgemeinschaft. Das Konzil gab mit seinem Dekret über den Ökumenismus dem Einigungsprozeß entscheidende Impulse. Zwischen den Kirchen wurden theologische Dialogkommissionen eingerichtet, die alle wesentlichen Kontroversfragen (Rechtfertigung, Sakramente, Kirche, Amt) diskutierten. Dabei konnte zunächst zwischen der katholischen Kirche und den Kirchen der Reformation eine weitgehende Verständigung erreicht werden. Die verbleibenden Unterschiede werden größtenteils als nicht mehr kirchentrennend bewertet. Trotzdem hat die theologische Ökumene – im Unterschied zur praktischen ökumenischen Zusammenarbeit vor Ort – bisher kaum Konsequenzen für die gegenseitige eucharistische Gastfreundschaft oder die Anerkennung der Ämter. Die am 22. April 2001 von der Konferenz Europäischer Kirchen veröffentlichte »Charta Oecumenica« – sie entwirft verbindliche Leitlinien für die wachsende Zusammenarbeit unter den Kirchen in Europa – wartet bisher vergeblich auf die praktische Umsetzung.

Statt dessen setzen die Kirchen wieder vermehrt auf Rekonfessionalisierung und ignorieren die Tatsache, daß sich das Christentum als Religion in der Krise befindet. Diese verändert die Aufgabe der christlichen Ökumene grundlegend: Die ganze Kraft und Anstrengung der Kirchen muß sich jetzt darauf konzentrieren, gemeinsam eine Sprache zu finden, die den Menschen die zentralen Anliegen der Botschaft Jesu in ihrer Welt als befreiende Möglichkeit zu leben neu verständlich macht.

Das Christentum und die Religionen

Die dramatischen weltpolitischen Verwicklungen der letzten Jahre lassen keinen Zweifel daran: »Ohne Friede unter den Religionen kein Friede in der Gesellschaft« (Hans Küng). Ein Kampf der Kulturen würde die ganze Menschheit in den Abgrund stürzen. Der Dialog, das gleichberechtigte Gespräch auf gleicher Augenhöhe zwischen den Kulturen und Religionen ist der einzig gangbare Weg in eine lebenswerte Zukunft. Damit wird der Dialog der Religionen zu einer wichtigen gesellschaftspolitischen Aufgabe.

Anders als bei der innerchristlichen Ökumene stellt sich die Frage, ob sich das Christentum überhaupt auf einen gleichberechtigten Dialog mit anderen Religionen einlassen kann. Tatsächlich versteht es sich ja selbst als die endgültige, wahre Religion. Gemäß diesem Selbstverständnis sahen sich die christlichen Kirchen von der neutestamentlichen Zeit an zur Mission verpflichtet. Religionsfreiheit schien aus dieser Sicht inakzeptabel. Erst in der Aufklärung setzte sich der Toleranzgedanke allmählich gegen die herrschende Doktrin der Kirchen durch. Bis zum Zweiten Vatikanischen Konzil vertraten die Päpste den Grundsatz, daß in katholischen Ländern sogar anderen christlichen Konfessionen die freie Religionsausübung verwehrt sein solle.

Erst 1965, nach bis zuletzt schwierigen Verhandlungen, verabschiedete das Konzil seine »Erklärung über die Religionsfreiheit« (Dignitatis humanae). »Die Erklärung über das Verhältnis der Kirche zu den nichtchristlichen Religionen« (Nostra aetate) nimmt eine grundsätzliche Neubewertung der anderen Religionen vor. Besonders gegenüber den Juden und Muslimen betonte das Konzil nachdrücklich das Verbindende: die Verehrung des einzigen, barmherzigen und allmächtigen Gottes, des Schöpfers des Himmels und der Erde, den Glauben an Gottes Wort durch die Propheten, das Bekenntnis zu Abraham als dem gemeinsamen Vater im Glauben. Damit wird gläubigen Nichtchristen zugestanden, daß auch sie auf ihren religiösen Wegen der Freundschaft Gottes gewiß sein können. Der Ökumenische Rat der Kirchen verabschiedete 1981 eine ähnlich lautende Erklärung zur Religionsfreiheit und aktiven Toleranz.

Ziel des Dialoges kann es nicht sein, die bestehenden Weltreligionen auf dem kleinsten gemeinsamen Nenner zu einer Art Superreligion zu harmonisieren. Realistische Ziele des Dialogs sind vielmehr:

- die gegenseitige Wertschätzung der Religionen trotz der Unterschiedlichkeit ihrer Heilswege;
- der Abbau von Vorurteilen und die gegenseitige korrekte Darstellung zum Beispiel in den Massenmedien und Schulbüchern;
- der Respekt vor dem Glaubens- und Wahrheitsanspruch der anderen;
- die Würdigung und Anerkennung der gemeinsamen Werte.

Erfolgreich kann das Gespräch der Religionen freilich nur sein, wenn es sich als Dialog auf gleicher Augenhöhe zwischen Gesprächspartnern entwickelt:

- die darauf verzichten, in Art einer »Festungsstrategie« die eigene Religion als die allein wahre zu reklamieren, deren Vorherrschaft sich alle anderen unterzuordnen hätten;
- welche die Unterschiede und Widersprüche nicht im Sinne einer »Verharmlosungsstrategie« bagatellisieren und damit die Wahrheitsfrage aufgeben;
- die nicht in einer nur scheinbar freundlichen »Umarmungsstrategie« behaupten, alle historisch gewachsenen Religionen hätten schon Teil an der (nämlich ihrer!) einzig wahren Religion. (vgl. Hans Küng)

Im Dialog der Religionen wird klar, daß ein Weltfriede letztlich nur auf der Basis gemeinsamer und von allen anerkannter Werte möglich sein wird. Diese Einsicht war der Grund, weshalb das Parlament der Weltreligionen am 4. September 1993 in Chicago als Beitrag und gemeinsame Handlungsgrundlage aller Religionen eine »Erklärung zum Weltethos« verabschiedete.

Kirche und Staat

Das Verhältnis des Christentums zum Staat zeigt sich bis in die Gegenwart hinein als eine zwiespältige Angelegenheit. Einerseits versteht schon das Neue Testament die säkulare Welt als Ort der Gottferne und des Unheils, die Kirche aber als Bereich Gottes und des Heils. Gleichzeitig glaubte das Christentum, daß die sakrale und die profane Dimension der Wirklichkeit ursprünglich eins waren und im Prozeß der christlichen Durchdringung der Welt auch wieder zusammengeführt werden müßten. Die moderne Säkularisierung und die Trennung von Kirche und Staat wurden deshalb zum Problem. Säkularisierung erscheint bis heute in kirchlichen Texten vorzugsweise als Sammelbegriff für Verweltlichung, Sittenverfall und Orientierungslosigkeit.

Die Christen des Altertums empfanden es nach Jahrhunderten der Verfolgung durch das römische Imperium als triumphalen Sieg des kommenden Gottesreiches, als das Christentum bald nach der konstantinischen Wende, geeint durch das Konzil von Nikaia (325), 380 zur alleinigen Staatsreligion erklärt wurde. Die Kirche wurde zur *staatstragenden* Kirche, die freilich selbst in Glaubensfragen der obersten Leitungsgewalt des Kaisers unterstand (Cäsaropapismus). Erst als das weströmische Reich 476 unterging, ergab sich für die lateinische Kirche die Möglichkeit, die kaiserliche Oberhoheit abzuschütteln. Einflußreiche Päpste schufen sich mit dem Kirchenstaat eine eigene Machtbasis. Papst Innozenz III. (1198–1216) behauptete nicht ohne Erfolg, daß es dem Papst von Rechts wegen zustehe, Anwärter auf den Kaiserthron zu überprüfen. Allerdings hatten sich Papsttum und Kaisertum im sogenannten Investiturstreit über das Mitentscheidungsrecht der Kaiser bei Bischofsernennungen gegenseitig in eine Pattsituation hineinmanövriert, die sie beide dauerhaft schwächte.

Wäre die Kirche als Siegerin aus dem Investiturstreit hervorgegangen, hätte dies zu einer Art Gottesstaat unter Vorherrschaft des kirchlichen Amtes geführt. Noch der im 19. Jahrhundert propagierte Anspruch der katholischen (Amts-)Kirche, die »vollkommene Gesellschaft« (*societas perfecta*) zu repräsentieren, steht im Zwielicht eines Mißverständnisses, das in der real verwirklichten Kirche bereits das Gottesreich im Werden sah. Mit allen ihr zur Verfügung stehenden Mitteln wehrte sich deshalb die katholische Kirche gegen die Idee einer Trennung von Kirche und Staat. Erst in der Zeit der Aufklärung war es überhaupt möglich, diesen liberalen Staatsgedanken ohne Gefahr für Leib und Leben öffentlich zu vertreten. Die französische Revolution hat ihn schließlich politisch durchgesetzt. Das immense Kirchenvermögen wurde durch den Reichsdeputationshauptschluß von 1803 verstaatlicht. 1870 wurde im Rahmen der Einigung Italiens der Kirchenstaat aufgehoben. Die katholische Kirche leistete gegen diese Säkularisierung nachhaltigen Widerstand.

Rom empfand vor allem die Einführung der obligatorischen Ziviltrauung und des zivilen Ehescheidungsrechts durch den liberalen Staat als Eingriff in ureigene Hoheitsrechte der Kirche. Es kam deshalb im 19. Jahrundert wiederholt zum Kulturkampf. Das Erste Vatikanische Konzil (1869–1870) und Papst Pius IX. (1846–1878) in seinem »Syllabus« wandten sich dezidiert gegen den liberalen Staat und die von ihm garantierten Menschenrechte. Die liberale These, wonach die Macht im Staat vom Volk und nicht von Gott ausgeht, wurde, ebenso wie das Recht auf freie Meinungsäußerung und Religionsfreiheit, als unvereinbar mit dem katholischen Glauben verurteilt. Erst 1965 rang sich die römisch-katholische Kirche anläßlich des Zweiten

Vatikanischen Konzils in der Pastoralkonstitution »Die Kirche in der Welt von heute« (»Gaudium et spes«) zu einer vorbehaltlosen Anerkennung der demokratischen Staatsform durch.

Die Kirchen der Reformation konnten sich insofern auf den Demokratisierungsprozeß leichter einstellen, als der Christ nach Luthers Lehre dem Staat – in welcher Form er auch verwaltet wird – als gottgegebener Autorität Anerkennung und Gehorsam schuldet. Diese Gehorsamsverpflichtung wurde allerdings der evangelischen Kirche in Deutschland im Dritten Reich zum Verhängnis, da sie den Widerstand gegen den Nationalsozialismus und seine Verbrechen lähmte.

Heute gehört die Trennung von Religion beziehungsweise Kirche und Staat zum Standard moderner westlicher Demokratien. Sie stehen einander dabei in einem partnerschaftlichen Verhältnis des gegenseitigen Respekts gegenüber. Der Staat anerkennt und schützt die religiösen Werte der Kirchen, die Kirchen anerkennen ihrerseits die Souveränität und Autonomie des Staates und seiner Verpflichtungen gegenüber *allen* Bürgern. »Gebt dem Kaiser, was des Kaisers ist, und Gott, was Gottes ist«, so hatte in der Tat schon die Weisung Jesu gelautet (Mt 22,15–22; Mk 12,13–17; Lk 20,20–26). Im Partnerschaftsmodell moderner Demokratien scheint dieses Anliegen Jesu eine späte Erfüllung zu finden.

Christentum und Gewalt

Das Christentum versteht sich selbst als Religion der Liebe, des Friedens und der Gerechtigkeit. Selig sind die Sanftmütigen, die Barmherzigen, die Friedensstifter, verkündet das Matthäusevangelium (Mt 5,5.7.9). Christen sollen auch ihre Feinde lieben und für die beten, die sie verfolgen: Denn Gott »läßt seine Sonne aufgehen über Böse und Gute und läßt regnen über Gerechte und Ungerechte« (Mt 5,44–45). Nirgendwo klaffen in der christlichen Geschichte Anspruch und Wirklichkeit so weit auseinander wie beim praktischen Umgang mit Macht und Gewalt. Nach Jesu Weisung sollen menschliche Beziehungen – in aktueller Sprache gesagt – herrschaftsfreie Beziehungen sein, in der Gemeinde sollte allein die Bereitschaft, einander zu dienen, maßgeblich sein; doch die kirchlichen Amtsträger verstanden ihre Aufgabe später doch als heilige Herrschaft (Hierarchie), der es zustehe, geistliche Macht über das Kirchenvolk auszuüben. Nach Jesu Vorbild sollten seine Jünger auf Gewalt nicht selber mit Gewalt antworten, sondern sich gegen Gewalt mit klugen Strategien eines gewaltlosen Widerstandes wappnen. Tatsache aber ist: Die Kirche selbst machte sich der Unterdrückung schuldig, hielt sich in der Spätantike Sklaven, unterstütze Kriege oder stiftete gar zu Kriegen an. Jesu Jünger sollten sich die Langmut Gottes vor Augen halten und lieber Unrecht aushalten, als Unrecht tun, doch die Kirche selbst verfolgte Andersgläubige mit Feuer und Schwert. Wie konnten die Christen, die selbst über 300 Jahre verfolgt worden waren selbst zu Verfolgern werden?

Die Gründe sind vielfältig, und sie sind nicht in jedem Fall dem Christentum als Religion anzulasten. Politisch leicht zu manipulieren und zu mißbrauchen war – und ist bis heute – der Absolutheitsanspruch des Christentums, der Glaube, die allein wahre und von Gott legitimierte Religion zu repräsentieren. Dieser Exklusivismus führte in der Tat, kaum war das Christentum im römischen Reich zur Staatsreligion geworden, zu Pogromen gegen Heiden, Juden und andere christliche Bekenntnisse. Das Ergebnis jener falschverstandenen Exklusivität waren: religiöser Meinungsterror und Zwang bis hin zur Schwertmission Karls des Großen, den Kreuzzügen des Mittelalters, zur Inquisition, zum Völkermord an Juden und Katharern und zu den Konfessionskriegen. Es waren die Päpste selbst, die zu Kreuzzügen aufriefen: Urban II. (1095), Eugen III. (1145), Gregor VIII. (1187) und damit die unheilige Tradition »heiliger Kriege« begründeten. Sie belasten bis heute das Verhältnis zwischen Christen und Muslimen.

Als die Kirche im Mittelalter immer mehr zum schamlosen Geschäft mit der Heilsangst der Gläubigen verkam und der Ruf nach einer radikalen Reform der Kirche an Haupt und Gliedern immer lauter wurde, gründete Papst Innozenz III. 1215 die »heilige Inquisition« zur Verfolgung, Anklage und Verurteilung von sogenannten Ketzern oder Häretikern. Tausende von Menschen wurden auf dem Scheiterhaufen verbrannt, nur weil sie sich eine eigene Meinung erlaubten, die Katharer und Albigenser wurden ausgelöscht, die Waldenser in den Untergrund getrieben. Zwar war es der Staat, der die unmenschlichen Urteile vollstreckte, aber es war die Kirche, die sie fällte.

Ein besonderes Kapitel ist die Geschichte der Gewalt gegen Frauen in der Kirche. Noch der mittelalterliche Kirchenlehrer Thomas von Aquin betrachtete die Frau als verunglückten Mann, der ähnlich wie ein Kind lebenslang der führenden (männlichen!) Hand bedürfe. Allerdings kommt zur Herabsetzung der Frauen wegen ihres Geschlechts, die sie zum Objekt männlicher Führung degradiert, ein theologisch destruktives Element hinzu. Nach dem Erbsündenmythos ist es nämlich die Frau, die den Mann verführt. Die Frau als Verführerin spielt denn auch eine große Rolle im christlichen Sexualverständnis. Aus ihm entstand der mörderische Zusammenhang: Frau – Teufel – Hexe, den am Ende des Mittelalters Zehntausende von Frauen mit dem Leben bezahlten.

Erst die Erfahrung zweier Weltkriege im 20. Jahrhundert, das entsetzliche Verbrechen am europäischen Judentum, die Einsicht in das Unrecht der kolonialistischen Ausbeutung, an denen sich die Kirchen mitschuldig gemacht hatten, führte zu einem Umdenken. Die evangelische Kirche Deutschlands hat in ihrem Stuttgarter Schuldbekenntnis vom Oktober 1945 ihre Mitschuld an den Verbrechen des NS-Staates bekannt und damit einen Weg für die Aussöhnung der Völker Europas eröffnet. Papst Johannes Paul II. legte stellvertretend für die ganze römisch-katholische Kirche am 12. März 2000 ein ausführliches Schuldbekenntnis der Verbrechen ab, die im Laufe der Geschichte von der Kirche selbst begangen oder in ihrem Namen begangen wurden, und bat die Weltgemeinschaft um Vergebung. Er bat um Vergebung für die Verbrechen der Inquisition, für die Mitschuld der katholischen Kirche an der Kirchenspaltung, für ihren Antisemitismus, für ihre »Verfehlungen gegen die Liebe, den Frieden, die Rechte der Völker, die Achtung der Kulturen und der Religionen«, die »Sünden gegen die Würde der Frau und die Einheit des Menschengeschlechtes« und schließlich für ihre jahrhundertelange Unterdrückung der »Grundrechte der Person«.

Die Einsicht in die Mißbräuchlichkeit und latente Gewalttätigkeit der Religion führt heute zu einem grundsätzlichen Umdenken im Verhältnis zur eigenen und den anderen Religionen. Schuldbekenntnisse und Vergebungsbitten machen freilich nur Sinn – und dies gilt für alle Religionen der Welt – wenn Religionen und ihre Gläubigen sich selbst gegenüber kritikfähig sind, das heißt: wenn sie sich demütig von den anderen Religionen an ihrem eigenen maßgeblichen Ursprung, ihrer Treue zu den maßgeblichen Schriften und an der Treue zu den maßgeblichen Gestalten, auf die sie sich gründen, messen lassen.

Christentum und Kultur

Zahllose Baudenkmäler, Kunstwerke, eine immense Literatur zeigen uns das Christentum als eine der großen kulturprägenden Institutionen der Welt. Anders als das Judentum oder der Islam ist das Christentum nicht an eine bestimmte Ethnie, Sprache oder Kultur gebunden, sondern zeigt eine hohe Bereitschaft, sich auf andere kulturelle Kontexte und Denktraditionen einzulassen. Jesus selbst war nach der Tradition ein galiläischer Jude, dessen Leben und Wirken sich im wesentlichen auf den jüdischen Teil Palästinas beschränkte. Daß das Urchristentum die geographischen und sprachlichen Grenzen in wenigen Jahren hinter sich ließ, wurde dadurch begünstigt, daß jüdische Gemeinden praktisch in der ganzen damals bekannten Welt verbreitet waren. Das zeitgenössische Judentum hatte sich in der Diaspora schon weitgehend hellenisiert. Die Jerusalemer Urgemeinde bestand aus aramäisch sprechenden palästinensischen Juden, zu denen griechischsprechende jüdische Zuwanderer kamen. Über diese kam es zu zahlreichen Gemeindegründungen überall im Römischen Reich.

Die wichtigste Entscheidung der Urkirche war, daß Gemeindeglieder aus dem Heidentum nicht mehr zu einem Leben nach den jüdischen Religionsgesetzen verpflichtet sein sollten. Ausschlaggebend für die Entscheidung war die Überzeugung, daß sich das Evangelium nicht nur an das jüdische Volk, sondern an den ganzen Erdkreis richtete. Das Christentum jener Tage wollte freilich keine neue Religion sein. Es sah sich aber in der bedrängenden Endzeit vor dem Kommen Gottes in Dienst genommen und verpflichtet, die gute Nachricht zu allen Menschen bis an die Grenzen der Erde zu tragen. Die missionarische Aufgabe erforderte allerdings schon damals, daß das Christentum sein Anliegen immer aufs neue im Horizont der Kulturen, Denkweisen und Mentalitäten verständlich machen mußte, die es ansprechen wollte.

Inkulturation kann also nur gelingen, wenn die Gemeinschaft bereit ist, sich freimütig auf wechselnde kulturelle Bedingungen einzulassen. Damals ging es darum: Jesus selbst – daran werden wir fast Seite um Seite im Neuen Testament erinnert – war ganz und gar im Denken, in der Sprache und in der Welt der hebräischen Bibel verwurzelt. Wie konnte seine Botschaft Griechen, die einen völlig anderen kulturellen und religiösen Hintergrund hatten, verständlich gemacht werden, ohne die Grenze zu einem verfälschenden Synkretismus zu überschreiten? Auf sieben ökumenischen Konzilien rangen die Kirchen darum, wie die ursprüngliche Botschaft in der griechischen und dann zunehmend auch lateinischen Welt unverfälscht zur Sprache gebracht werden sollte. Trotzdem kam es 1054 zur Spaltung zwischen dem griechischen Osten und dem lateinischen Westen. Die Westkirche stand nach der germanischen Einwanderung vor neuen Inkulturationsproblemen. Jetzt galt es, die christliche Botschaft im noch einmal anders gearteten germanischen Kulturkontext zu verantworten.

Auch diese Anpassung gelang erst nach jahrundertelangen Glaubensstreitigkeiten. Beispielhaft dafür ist die Theologie des Thomas von Aquin (1224–1274), der auf der Basis der aristotelischen Philosophie das (spiritualistische) neuplatonische Denken Augustins (354–430) mit dem (realistischen) germanischen Denken versöhnte.

Als im 15. Jahrhundert in Europa das sogenannte große Zeitalter der Entdeckungen begann, befand sich das Christentum in einem nie dagewesenen Aufschwung. 1492 fiel mit Granada die letzte Hochburg der Mauren in Spanien. Im selben Jahr entdeckte Christoph Kolumbus Amerika. Europa schickte sich an, die ganze Welt zu seiner Kolonie zu machen. Mit den Eroberern kamen die Missionare. Doch statt das Evangelium mit den Kulturen der neuentdeckten Völker ins Gespräch zu bringen, wurde das Christentum zum Komplizen eines erbarmungslosen Vernichtungsfeldzugs gegen sie. Wenige hatten den Mut, sich gegen dieses Konzept der geistigen Kolonialisierung zu stellen. Jesuitische Missionare versuchten, die Indios am Río de la Plata in sogenannten Reduktionen (Zufluchtsorten) zusammenzufassen, um ihnen einen ihrer Kultur und Lebensart gemäßen Zugang zum Christentum zu eröffnen. Aber dieses »heilige Experiment« wurde ebenso auf päpstlichen Befehl abgebrochen, wie die Versuche des Jesuiten Matteo Ricci (1552–1610) in China, auf der Grundlage der chinesischen Philosophie und Sprache eine eigenständige chinesische Theologie zu entwerfen. Im sogenannten Ritenstreit untersagten die Päpste den chinesischen Weg des christlichen Glaubens. 1724 verbot Kaiser Yongzheng daraufhin das Christentum.

Heute geht es nicht mehr nur in Afrika, Asien und Lateinamerika um eine zeitgerechte Inkulturation des Christentums. Tatsächlich scheint es ja, daß die kulturelle Wende zur sogenannten Postmoderne auch für das westliche Christentum letztlich einen Traditionsbruch mit der griechisch-römischen Ausprägung des Christentums und seiner Theologie bedeutet. Die Zukunft wird deshalb auf allen Kontinenten neuen in ihre Kulturen integrierten Theologien gehören.

Genauso, wie die afrikanische, lateinamerikanische, asiatische Theologie der Befreiung, braucht Europa eine Theologie, die den Menschen den Sinn der Botschaft Jesu für ihre Lebenswirklichkeit neu erschließt. Christentum wird dann (wieder) Teil unserer Kultur, wenn es neu verstehen lernt, was Menschen wirklich glauben, was sie bewegt, welche Bilder und Ahnungen des Göttlichen sie tatsächlich in sich tragen. Das Christentum und vielleicht auch die Kirchen haben dann eine Chance, wenn sie lernen, die Menschen selbst erst einmal zur Sprache kommen zu lassen, bevor sie ihnen antworten. Die Geschichten, Zeichen, Bilder und Symbole heutiger Erfahrung einer letzten Wirklichkeit sind es, die dem Wort Gottes eine Stimme geben können, die Menschen dieser Zeit verstehen.

GLOSSAR

Apokalyptik(er) – Lehre von der ▸ Offenbarung über das Weltende und die Zeichen, die es ankündigen. Als Apokalyptiker bezeichnet man Angehörige von Strömungen, die versuchen den Zeitpunkt des nahen Weltendes zu berechnen oder vorherzusagen. s. S. 19

Bekenntnis/Glaubensbekenntnis – (lat. credo oder confessio [▸ Konfession], gr. sýmbolon) bezeichnet in der christlichen Theologie eine Zusammenfassung von Glaubenssätzen. s. S. 55, 82

Christologie – Lehre über die theologische Bedeutung von Person und Wirken des (▸ Christus) Jesus von Nazareth. s. S. 61

Christus – wörtl. der Gesalbte. Ein Hoheitstitel, der im Alten und im Neuen Testament Priestern und Fürsten zugesprochen wurde. Im Neuen Testament auf Jesus von Nazareth angewandt, um seine Bedeutung als ▸ Messias und Heilsbringer auszudrücken. s. S. 7f., 12ff.

Christen – Anhänger Jesu, seit Ende des 1. Jh. als Gesamtbezeichnung für die Angehörigen der Jesusbewegung bezeugt. s. S. 4, 7, 14f.

Christentum – Sammelbegriff für das Gesamt von Bewegungen, Kirchen und religiösen Sondergruppen, die das Erscheinungsbild der christlichen Religion ausmachen. s. S. 4, 7, 14f., 107

Denomination – (wörtl. Benennung) bezeichnet eine kleinere christliche Sondergemeinschaft, die sich von einer Konfessionskirche- oder -gruppe abgespaltet hat. s. S. 106

Diaspora – wörtl. Zerstreuung. Ursprünglich Selbstbezeichnung für die über die Welt verstreuten jüdischen Gemeinden außerhalb Palästinas. Heute verwendet für Gebiete, in denen die Christen oder eine Konfessionskirche in der Minderheit sind. *s. S. 65*

Dogma – (wörtl. Meinung, Beschluß, Verordnung, Gebot, Satzung, Lehrsatz, Glaubenssatz) im römischen Reich das unter Androhung der Todesstrafe verpflichtende kaiserliche Staatsgesetz. Im Christentum bezeichnet Dogma eine von der Kirche festgelegte allgemein lehrverbindliche Definition eines Glaubensgegenstandes. *s. S. 82, 105*

Dualismus, dualistisch – philosophische Lehre von einer doppelten und gegensätzlichen Weltgrundlage: gutes und böses, geistiges und körperliches Prinzip. Das dualistische Denken geht stets von Gegensätzen aus: Geist und Materie, Seele und Leib, wobei die materielle Seite abgewertet wird und ein einseitig vernunftorientiertes, rationalistisches Religionsverständnis begünstigt. *s. S. 100*

Ekklesiologie, ekklesiologisch – die Lehre von der Kirche. *s. S. 61*

Endzeit – christlich versteht man unter Endzeit die mit Leben und Tod Jesu Christi angebrochene Zwischenzeit bis zu seiner erhofften Wiederkunft. Seine Geburt wird als Zeitenwende gesehen. *s. S. 37, 42, 115*

Episkope, Bischof – (wörtl. Beaufsichtigung, Amt des Aufsehers, christlich: Bischofsamt). In der katholischen, anglikanischen und in den orthodoxen Kirchen sind Bischöfe mit der seelsorgerlichen, lehramtlichen und priesterlichen Leitung einer Diözese bzw. eines Bistums betraut. *s. S. 76*

Eschatologie – ist die Lehre von den äußersten / letzten Dingen. Im Unterschied zur ▸ Apokalyptik fragt sie nach der Vollendung und dem letzten Ziel des Lebens des einzelnen Menschen, der Menschheit und der gesamten Schöpfung.

Essener – oder Essäer (aramäisch chasya: Heiliger) waren eine religiöse Gruppierung innerhalb des antiken Judentums. Sie lebten abgesondert von der übrigen Bevölkerung in geschlossenen Gemeinschaften, lehnten den herodianischen Tempel und den Einfluß des Hellenismus ab. *s. S. 19*

Ethik – (von gr. ethos: Gewohnheit, Herkommen, Sitte) bezeichnet als Disziplin der Philosophie die wissenschaftliche Lehre vom guten, rechten und vernünftigen Handeln. Das Ziel sind allgemein gültige Theoreme, Normen und Handlungsprinzipien, an denen sich menschliches Handeln vernunftgemäß ausrichten sollte. Das Neue Testament kennt keine eigenständige Ethik, sondern orientiert sich stark an der Ethik der stoischen Philosophie. *s. S. 104*

Ethos – bezeichnet die dem Einzelnen vorgängige und ihn mitprägende Lebensgewohnheit bzw. die Motivation, die hinter seinem ethischen Handeln steht und ihn überzeugt, sich so und nicht anders zu verhalten. Das christliche Ethos ergibt sich aus der Nachfolge Christi und orientiert sich an seinem biblisch bezeugten praktischen Verhalten einer kompromißlosen Nächstenliebe. *s. S. 4, 59, 88*

Exkommunikation – Ausschluß aus der Gemeinschaft (communio). Im christlichen Sprachgebrauch: die Aufkündigung der Abendmahlsgemeinschaft mit anderen Teilkirchen oder einzelnen Gläubigen. Die Exkommunikation verbietet den Betroffenen die Kommunion zu empfangen oder auf irgendeine Weise aktiv am kirchlichen Leben teilzunehmen. *s. S. 61, 105*

Hierarchie – heilige Herrschaft oder Ordnung. Hierarchien funktionieren nach einem für »heilig« gehaltenen Über- und Unterordnungsprinzip und kommen überall vor. In der römisch-katholischen Kirche bezeichnet Hierarchie das Unterordnungs- und Gehorsamsgefälle von: Papst – Bischöfen – Priestern – Diakonen – einfachen Gläubigen (Laien). Typisch ist die Einwegkommunikation von oben nach unten, die alle zu Befehlsempfängern degradiert. Wichtig ist seit dem Zweiten Vatikanischen Konzil die Vorstellung einer »Hierarchie der Wahrheiten« innerhalb des theologischen Lehrgebäudes. Sie ermöglicht innerhalb des ökumenischen Dialogs eine differenzierte Behandlung strittiger konfessioneller Streitpunkte. *s. S. 78, 112*

Inquisition – bezeichnet eine Form von Gerichtsverfahren, das gegenüber Angeklagten nicht von einer Unschuldsvermutung ausgeht, die verlangt, daß die Schuld vom Ankläger bewiesen werden muß, sondern den Angeklagten für schuldig hält und von ihm verlangt, seine Unschuld zu beweisen. Im Inquisitionsverfahren stand die Befragung (inquisitio) zur Ermittlung der möglichst durch Geständnis zu offenbarenden Wahrheit im Vordergrund. Die Folter galt als legitimes Mittel um ein Schuldgeständnis zu erwirken. Die von Papst Innozenz III. 1199 eingerichtete kirchliche Inquisitionsbehörde diente der Verfolgung, Anklage, Verurteilung und Hinrichtung von so genannten Ketzern oder Häretikern. *s. S. 87, 105, 115 f.*

Interdiktion (Interdikt) – wörtl. Untersagung, Verbot. Nach dem katholischen Kirchenrecht (CIC) verbietet das Interdikt als Beugestrafe gegenüber einzelnen Personen, Gemeinden oder ganzen kirchlichen Regionen die Feier und Spendung der Sakramente, außer bei Todesgefahr. *s. S. 105*

Konfession – (von lat. confessio: ▸ Bekenntnis, Geständnis) bezeichnet im heutigen Sprachgebrauch eine christliche Richtung, Kirche,

Gruppierung, die sich durch ihre Glaubenslehre, Organisation oder Praxis von anderen christlichen Richtungen unterscheidet. Im allgemeinen Sprachgebrauch wird unter Konfession meist verallgemeinernd Religionszugehörigkeit verstanden. *s. S. 68, 105 f.*

Konzil, ökumenisches – (lat. concilium: Rat, Zusammenkunft; gr. synodos: Synode) bezeichnet vom Wortsinn her die Zusammenkunft, den gemeinsamen Weg. Unter einem ökumenischen Konzil versteht man eine Kirchenversammlung, die dem Anspruch nach die gesamte Christenheit repräsentiert. Die ersten Konzilien wurden von den römischen Kaisern einberufen und geleitet, um dogmatische Streitigkeiten beizulegen. Während ursprünglich alle kirchlichen Stände am Konzil vertreten waren, wurde die Teilnahme seit dem Mittelalter immer mehr auf den Klerus, schließlich auf die Bischöfe eingeschränkt. Die Ostkirchen erkennen die Kirchenversammlungen, die nach dem Ende des 1. Jahrtausends stattfanden, nicht als ökumenische Konzilien an. *s. S. 82, 82, 105, 115*

Messias – (von hebr. Maschiach, aram. Meschiah) bedeutet »der Gesalbte«. Die Bedeutung ist zur Zeit Jesu umstritten. Zum christlichen Verständnis siehe ▸ Christus. *s. S. 7, 14, 43*

Metapher – eine bildliche, gleichnishafte Redeweise, die auf etwas Abstraktes übertragen wird (zum Beispiel: »Vater« auf Gott, um damit auszusagen, daß Gott sich ähnlich verhält wie ein Vater). *s. S. 9*

Moral – (von lat. mores, die Sitten) Gesamtheit der Normen, Werte, Grundsätze, die das zwischenmenschliche Verhalten in einer Gesellschaft regulieren und von ihrem überwiegenden Teil als verbindlich akzeptiert oder zumindest hingenommen werden (herrschende Moral; bürgerliche Moral, Kampfmoral). Im theologischen Sprachgebrauch liegt der Akzent auf dem Verhältnis des Menschen zu Gott

(Einhaltung der Gebote). Ungehorsam gegen göttliche Gebote wird als ▸ Sünde bezeichnet. *s. S. 32*

Offenbarung – das Sich-Erschließen eines Geheimnisses, von etwas bislang Verborgenem. Im religiösen Sprachgebrauch bezeichnet Offenbarung eine auf übernatürlichem Wege stattfindende Mitteilung göttlicher Wahrheiten oder eines göttlichen Willens. *s. S. 7, 16*

Pharisäer – (hebr. die Abgesonderten) eine theologische Ausrichtung im antiken Judentum. Das Neue Testament apostrophiert Pharisäer als Heuchler. Pharisäer ist im christlichen Sprachgebrauch deshalb zum Inbegriff heuchlerischer und selbstgerechter Menschen geworden. Tatsächlich repräsentierten die Pharisäer eine jüdische Reformbewegung, die sich volksnah und menschenfreundlich für die Anliegen der einfachen Leute einsetzte. Sie stellten das Leben nach der Thora und den Propheten über den Tempelkult. *s. S. 15, 19*

Presbyter, Presbyterium – (von gr. presbýteros: Ältester) Das Presbyterium ist der Ältestenrat. Die neutestamentliche Gemeinde übernahm das Ältestenamt aus jüdischer Tradition, wobei sie sich besonders an der Leitungsstruktur der pharisäischen jüdischen Diasporagemeinden orientierte. Aufgabe der Ältesten bzw. des Ältestenrates ist die Aufsicht über das Ganze der Gemeinde, die Ausübung der Kirchenzucht (Buße) sowie die Aufsicht über die Lehre der Gemeinde. Aus dem Presbyter entwickelte sich der «Priester», der seit dem 4. Jh. immer mehr die hieratische Bedeutung des vorchristlichen Opferpriestertums an sich zog. *s. S. 75 ff., 84*

Prophet – bezeichnet einen Menschen, der eine Botschaft oder Prophezeiung von Gott empfangen hat und in Gottes Auftrag anderen überbringt. Das gr. Wort prophētēs: Sprecher (einer Gottheit) ist die Übersetzung des hebr. nābī. Die volkstümliche Vorstellung, Propheten würden die Zukunft vorhersagen entspricht nicht dem biblischen Verständnis. Sinn der Prophetie ist die Verkündigung des Willens Gottes und der Konsequenzen, die eintreffen, wenn man Gottes Willen mißachtet. *s. S. 4*

Proselyt – (wörtl. der Hinzugekommene) In der Antike bezeichnete der Begriff die zum Judentum bekehrten Heiden. Die Aufnahme erfolgte durch Beschneidung und ein Tempelopfer, später kam ein rituelles Tauchbad (Taufe) hinzu. Seit Paulus findet der Beitritt zum Christentum ausschließlich durch die Taufe auf den Namen Jesu statt. Mit dem abwertenden Ausdruck Proselytenmacherei bzw. Proselytismus wird das Abwerben von Gläubigen aus anderen Kirchen und Glaubensgemeinschaften hin zur eigenen Kirche oder Gemeinschaft bezeichnet. Proselytenmacherei ist mit anderen Worten Mission mit unlauteren Mitteln, die von der Übertölpelung bis zum Psychoterror reichen können. *s. S. 65*

Sadduzzäer – sahen im Tempeldienst den Schwerpunkt jüdisch-religiösen Lebens. Ihnen gehörten vor allem Juden der höheren Gesellschaftsschichten, die Priesterschaft und die Aristokratie an. Die Sadduzzäer suchten den Ausgleich mit Rom und der griechischen Kultur. Theologisch lehnten sie die Gesetzesauslegung der Pharisäer ab und glaubten nicht an die Auferstehung von den Toten.

Sakrament – bezeichnet in der christlichen Theologie einen Ritus, wie zum Beispiel die Taufe, der als sichtbares Zeichen beziehungsweise als sichtbare Handlung die unsichtbare Wirklichkeit Gottes vergegenwärtigt und an ihr Anteil gibt. *s. S. 93 ff.*

Sünde – im Judentum, Christentum und Islam bezeichnet dieser Begriff den Zustand des Menschen, der durch eine böse Tat oder seine innere Einstellung von Gott getrennt ist. Im christlichen Verständnis resultiert Sünde aus einer willentlichen oder zumindest billigenden Tat gegen Gottes Willen. *s. S. 28 ff., 96, 98 ff., 113 ff.*

Synkretismus – bedeutet die Vermischung von religiösen Ideen oder Philosophien zu einem neuen System oder Weltbild. Der praktische Synkretismus nimmt Aspekte unterschiedlicher Religionen auf und integriert sie (oft unkritisch) in das eigene religiöse Weltbild. Diese Form der Religionsvermischung kommt praktisch in allen Religionen vor. *s. S. 115*

Synode – siehe ▸ Konzil. *s. S. 80, 85, 105*

Synopse, synoptisch – (von gr. synopsis: Zusammenschau, Entwurf, Überblick) Im Neuen Testament enthalten die ersten drei Evangelien nach Matthäus, Markus und Lukas große Übereinstimmungen im Textmaterial, das sie verwenden. Die drei Evangelisten werden deshalb als Synoptiker bezeichnet. Trotz der textlichen Übereinstimmungen setzen die synoptischen Evangelien unterschiedliche Akzente. Tatsächlich bietet das Neue Testament ein so breites Spektrum von Interpretationen von Leben, Werk und heilsgeschichtlicher Bedeutung Jesu, daß die Einheit des Christentums nur als »christliches Stromsystem« verstanden werden kann. Einheit muß sich von daher als »synoptische Einheit«, das heißt als »Zusammenschau« des Ganzen des Neuen Testamentes, als Einheit in der Vielheit verstehen. *s. S. 15*

Theologie, theologisch – setzt sich aus dem gr. Wort für Gott theós und logos: Wort, Lehre zusammen. Wörtl. bedeutet Theologie also »die Lehre von Gott« oder allgemeiner: die Lehre vom Inhalt des (christlichen) Glaubens und den Glaubensdokumenten. Die christliche Theologie versteht sich traditionell als wissenschaftliche Auseinandersetzung mit den Quellen des Glaubens (biblische Theologie, historische Theologie), der systematischen Analyse und Darstellung des Glaubens (systematische Theologie, besonders Fundamentaltheologie und Dogmatik) und der Glaubenspraxis (praktische Theologie). Die Grundaufgabe der Theologie ist die in jeder Generation neu eingeforderte Rechenschaft und Verantwortung christlichen Denkens, Glaubens, Lebens und Handelns vor Gott und der Welt, die unverfälschte und gegenwartsnahe Vermittlung der Botschaft Jesu Christi an die Menschen unterschiedlicher Zeiten, Kulturen und Sprachen. *s. S. 40ff., 54, 86ff., 91*

Thora – (von hebr. jarah: unterweisen) bedeutet Lehre, Belehrung, Unterricht, Anweisung, Gesetz. Die Thora ist zugleich der erste und wichtigste Hauptteil der hebräischen Bibel. Darin sind insgesamt 613 Thora-Gebote enthalten. Sie umfaßt die fünf Bücher Mose, vom hellenistischen Judentum Pentateuch genannt.

Transzendenz, transzendent, transzendental – (von lat. transcendere: überschreiten) Mit Transzendenz wird bezeichnet, was über die Grenzen des Bewußtseins, der Erfahrung hinausreicht; im engeren Sinne, die absolute, über alles Endliche hinausreichende Wirklichkeit, das Übersinnliche bzw. das Jenseits. Transzendent ist, was diese Grenzen überschreitet. Transzendental ist, was der Erfahrung selbst nicht (mehr) zugänglich ist, aber tatsächlich die Vorbedingung unserer Erkenntnis bildet. *s. S. 56*

Zeloten – (wörtl. die Eiferer von gr. zelos: Eifer) führten als militärische Widerstandsbewegung der Juden einen andauernden Guerillakrieg gegen die römische Besatzung. Sie vertraten einen an der politischen Befreiung orientierten Messianismus. 70 n. Chr. fielen zahlreiche Zeloten bei der Eroberung Jerusalems. *s. S. 19*

Literaturhinweise

QUELLEN

Die Bekenntnisschriften der evangelisch-lutherischen Kirche, hg. im Gedenkjahr der Augsburgischen Konfession 1930, Göttingen ¹²1998 (lat. u. dt.).

Die Bibel. Einheitsübersetzung der Heiligen Schrift. Gesamtausg., Psalmen und Neues Testament, ökumenischer Text, hg. v. im Auftr. der Bischöfe Deutschlands. Für die Psalmen und das Neue Testament auch im Auftr. des Rates der Evangelischen Kirche in Deutschland und der Deutschen Bibelgesellschaft (Evangelisches Bibelwerk), Stuttgart, Klosterneuburg ⁹1994.

Die Bibel. Nach der Übersetzung Martin Luthers. Standardausgabe mit Apokryphen, hg. v. d. Deutschen Bibelgesellschaft, Stuttgart 2007.

Die Heilige Schrift des Alten und des Neuen Testaments, hg. v. Kirchenrat des Kantons Zürich, Zürich 1993.

Kompendium der Glaubensbekenntnisse und kirchlichen Lehrentscheidungen, hg. v. H. Denzinger / P. Hünermann, Freiburg-Basel-Wien ⁴⁰2005 (zitiert DH).

Reformierte Bekenntnisschriften. Eine Auswahl von den Anfängen bis zur Gegenwart, hg. v. G. Plasger, Göttingen 2005.

GESAMTDARSTELLUNGEN

Küng, H.: Das Christentum. Wesen und Geschichte, Sonderausgabe, München-Zürich 2007.

Küng, H.: Christ sein, München-Zürich 1993, ⁴2006.

Schillebeeckx, E.: Jesus. Die Geschichte von einem Lebenden, Freiburg-Basel-Wien ⁶1978.

Schillebeeckx, E.: Christus und die Christen. Die Geschichte einer neuen Lebenspraxis, Freiburg-Basel-Wien 1977.

Schwikart, G.: Basiswissen Christentum, Gütersloh ²2000.

LEXIKA

Biblisches Wörterbuch, hg. v. H. Haag, Aktualisierte und erw. Neuausg., Freiburg-Basel-Wien 1994.

Lexikon der Kirchengeschichte. Lexikon für Theologie und Kirche kompakt, 2 Bde., Redaktion: B. Steimer, Freiburg-Basel-Wien 2001.

Lexikon der Sekten, Sondergruppen und Weltanschauungen. Fakten – Hintergründe – Klärungen, hg. v. H. Gasper, J. Müller, F. Valentin, Freiburg-Basel-Wien 1990.

Lexikon für Theologie und Kirche, 12 Bde., hg. v. W. Kasper et al., Freiburg-Basel-Wien ³1993–2001.

Lexikon der theologischen Werke, hg. v. M. Eckert, E. Herms, B. J. Hilberath, E. Jüngel, Stuttgart 2003.

Neues Handbuch theologischer Grundbegriffe, Neuausgabe, hg. v. P. Eicher, München 2005.

Religion in Geschichte und Gegenwart. Handwörterbuch für Theologie und Religionswissenschaft, hg. v. H. D. Betz et al., Tübingen ⁴1998–2005.

Taschenlexikon Ökumene, im Auftrag der Arbeitsgemeinschaft Christlicher Kirchen in Deutschland hg. v. H. Uhl, Frankfurt / M., Paderborn 2003.

Taschenlexikon Religion und Theologie, 4 Bde., hg. v. F. W. Horn, F. Nüssel, Göttingen ⁵2007.

Wörterbuch des Christentums, hg. v. V. Drehsen, H. Häring, K.-J. Kuschel, H. Siemers, Gütersloh, Zürich 1988.

WEITERFÜHRENDE LITERATUR

Barth, K.: Das Glaubensbekenntnis der Kirche. Erklärung des Symbolum Apostolicum nach dem Katechismus Calvins, Zürich 1967.

Becker, J. et al.: Die Anfänge des Christentums. Alte Welt und neue Hoffnung, Stuttgart-Berlin-Köln-Mainz 1987.

Berger, K.: Theologiegeschichte des Urchristentums, UTB für Wissenschaft, Tübingen-Basel 1994.

Boff, L.: Kirche: Charisma und Macht, Düsseldorf ⁵1985.

Hengel, M.: Zwischen Jesus und Paulus. Die »Hellenisten«, die »Sieben« und Stephanus, in: ZThK 72 (1975), S. 151–206.

Literaturhinweise

Küng, H.: Credo: Das Apostolische Glaubensbekenntnis – Zeitgenossen erklärt, München ²2000.

Kuschel, K.-J.: Streit um Abraham. Was Juden, Christen und Muslime trennt – und was sie eint, München 1994.

Hilberath, B.J.: Der dreieinige Gott und die Gemeinschaft der Menschen. Orientierungen zur christlichen Rede von Gott, Mainz 1990.

Heussi, K.: Kompendium der Kirchengeschichte, Tübingen ¹²1960.

Homolka, W.: Jesus von Nazareth im Spiegel jüdischer Forschung, Jüdische Miniaturen. Spektrum jüdischen Lebens 85, Berlin 2009.

Köster, H.: Einführung in das Neue Testament im Rahmen der Religionsgeschichte und Kulturgeschichte der hellenistischen und römischen Zeit, Berlin 1980.

Lapide, P.: Er predigte in ihren Synagogen, Gütersloh 1980.

Pannenberg, W.: Das Glaubensbekenntnis. Ausgelegt und verantwortet vor den Fragen der Gegenwart, Hamburg 1972.

Ratzinger, J.: Einführung in das Christentum. Vorlesungen über das Apostolische Glaubensbekenntnis, München ⁸1969.

Schillebeeckx, E.: Die Auferstehung Jesu als Grund der Erlösung. Zwischenbericht über die Prolegomena zu einer Christologie, Quaestiones Disputatae 78, Freiburg-Basel-Wien 1979.

Theißen, G.: Die Religion der ersten Christen. Eine Theorie des Urchristentums, Gütersloh ²2001.

Theobald, M.: »Tut dies zu meinem Gedächtnis!«. Die Eucharistie in der frühen Kirche, in: Orientierung 69 / 7 (2005), S. 76–80.